suncolor

suncolor

BEHAVIORAL FINANCE

為何賣掉就漲，買了就跌？

行為金融學教你避開人性弱點，
擴大投資效益，實現財富自由！

金融學講席教授 陸蓉

suncolor
三采文化

目錄

Chapter 3

決策非理性 83

Chapter 6

行為金融交易策略

序言

我博士後出站（編按：指在取得博士學位之後，先於大學或科研機構等工作站中有限期地從事相關研究或深造，工作期滿後須退出工作站），在證券公司和基金管理公司工作了一段時間後來到大學任教時，院長對我說：「你開一門獨門的課吧。」「啊，什麼是獨門的課？」「就是其他老師沒有開過但又特別重要的課。」於是，就有了「行為金融學」這門課。

事實證明，我的選擇是對的，但也是艱難的。

我的選擇是對的，因為這是一門新興且需求量很大的課。學生們上課的熱情超出了我的想像。每次課程一推出，瞬間選滿。大四的學生不再忙著實習，集體上行為金融學課程；研究生課程的教室換到了最大的一間，還是不斷地有人旁聽；業內培訓的基金經理、投資顧問，甚至沒有金融專業背景的人，都搶著聽這門課。大家對於課程的興趣可能源於行為金融學的實操性。它告訴我們金融市場實際是怎麼運行的（而非像傳統金融學講的金融市場應該是怎麼運行的）、為什麼存在有利可圖的交易策略（傳統金融學認為不可能存在這種交易策略）、怎麼避免投資錯誤、如何能夠獲取收益等。

我的選擇又是艱難的，因為行為金融學連一本通用的教材都沒有！而傳統金融學，例如投資學和公司金融學，擁有全世界通用的、已經更新了十餘版的教材，連教師用書、全套的教輔資料都齊全。「行為金融學」這門課的上課難度太大了！因此，我從上課時起，就決定要寫一本書，相比於其他相關的書，這本書要更加專業，也要更加通俗：讓學生擁有一本可信賴的規範教材，讓缺乏專業基礎的人能夠輕鬆自學，讓有一定專業知識的人串聯起資訊碎片，讓專業人士找到進階的正確方向。當然，這項任務的難度之大可想而知。

我希望這本書既有相當的理論高度，又有很強的可讀性。課程有理論高度，倒不是因為我的水準高，而是因為我站在巨人的肩膀上。我在學校教書初期，學院引進了一位海外院長——美國康乃爾大學的終身教授黃明，行為金融學（行為資產定價領域）世界頂級的大師。我有幸受到邀請得以在康乃爾大學系統地學習了行為金融學的碩士和博士課程；大師的課程高屋建瓴、系統且權威，奠定了我今後行為金融教學和研究的基礎。為了保持學術的前瞻性，我帶領學術團隊持續不斷地追蹤行為金融學國內外研究的最新進展，並將前瞻性資訊和學習心得透過團隊微信公眾號向社會傳播。我也希望這近千篇的前瞻性研究精華能融入本書的血液中，全面展現給你。

無論你將本書作為教材還是自學材料，對照目錄，我帶你快速了解一下本書的結構，這樣你能夠很容易上手。

本書大體上包括行為金融學的原理和應用兩大部分。

行為金融學為何可以預測市場、制定有效的交易策略？實際上，我們可以從「行為金融學」這個名稱上得到答案。「行為」二字出自心理學，它區別於傳統金融學所根植的數學。心理學專門研究人的行為規律，而金融學則可以看成人在金融市場的行為結果，這就是金融市場在某種程度上能夠被預測的根源。

正是因為心理學是行為金融學的根基，所以本書首先系統介紹金融決策的心理學原理。心理學研究發現，人的行為會偏離「正確」的路徑，正因為有偏離，我們才能夠預測價格相對於「正確」的來說是高了還是低了。這裡的「正確」指的是傳統的金融學對於市場均衡的判斷，即價格「應該」是怎樣的。能夠做出「正確」決策的人被稱為理性人。所以你在讀這本書時，可以在腦海中將傳統金融學當成一個靶子，而將行為金融學想成人的行為如何偏離了這個靶子。

本書的心理學原理部分介紹人的非理性根源，非理性是相對於理性（你可以想像為不會犯錯的機器人決策）來說的。你仔細想想，其實人的任何決定都是由兩部分構成。例如，你決定是否要買一檔股票：第一步，要先對股票的各種資訊有所認識和了解，這一步叫認知（belief，也可以翻譯成「信念」）；第二步，再對所掌握的資訊按一定的原則進行比較和選擇，這一步叫決策（preference，也可以翻譯成「偏好」）。所以，本書將心理學的原理又拆解為認知的非理性和決策的非理性。這些構成本書前三章的原理部分。

本書從第四章起講述行為金融學的應用。至今，我老師的一句話言猶在耳：要珍惜給你上行為金融學課的人，因為他們當中很多人都已經轉做投資實務了。沒錯！行為金融學大概是與金融實作聯繫最密切的學科了。行為金融學對於投資實作有兩大主要作用：一是避免自身犯錯，二是利用別人的錯誤來獲取投資收益。本書的第四章講前者，第五章和第六章講後者。

第四章是對投資人行為的剖析，系統地告訴你，投資人會犯哪些典型的交易錯誤。傳統的金融學認為理性人不會犯錯，投資會遵循一定的規範——有「現代投資之父」之稱的馬可維茲（Markowitz）所提出的投資組合理論——充分分散風險、取得最大收益。而行為金融學認為投資人的行為會偏離這個規範，大多數投資人的買進和賣出是不理性的。這一章告訴你錯誤的原因以及該如何克服。

第五章和第六章講行為投資策略，告訴你怎樣預測大盤和制定有效的交易策略。做金融投資的人都知道，金融分析有「自上而下」一說：「上」指總體經濟，往「下」依次為產業（或者組合）和單個資產（例如個股）。那麼行為金融學認為哪個層次是有規律，從而是可以預測的呢？答案是：前兩個層次。

第五章和第六章分別對應這兩個層次，講大盤（市場）和投資組合的可預測性、怎樣獲得無風險的收益。行為金融學不討論最下面的層次，即單個資產的預測能力，這是因為單個資產即使能獲得收益也會存在（非系統性）風險。

行為金融學的內容很廣泛，本書側重於從投資人的立場講解，即行為資產定價。當然，也可以從融資者的立場來看，這被稱為行為公司金融，但這部分著墨相對較少。

雖然本書前面介紹的內容是比較嚴謹的，但我還是希望你能夠輕鬆閱讀。如果你把本書當作一本通俗讀物，能像學生上我的課時一樣感覺「有趣」，那我的初衷就達到了。本書可能比任何一本行為金融學圖書都更通俗易懂，書中穿插了大量實例，讓你常常產生「這不就是在寫我嗎？」的感受。

其實我在剖析你的行為時，運用了多個曾獲諾貝爾經濟學獎的理論，這些理論不僅適用於金融市場投資，甚至對於你的為人處世、看待社會和生活的方式都有說明。無論你是誰，對金融市場的了解程度如何，我都希望你在看完這本書後，能更了解自己、更了解市場、更了解生活。

Chapter

1

什麼是行為金融學？

從字面意思看，「行為金融學」由「行為」二字加「金融學」構成，其中「行為」取自心理學中的行為主義，因此行為金融學是心理學與金融學相交叉的學科。行為金融學與傳統金融學的學科地位對等，多位經濟學家以其為研究物件的研究成果獲得過諾貝爾經濟學獎。但兩者對金融市場的分析角度完全不同，行為金融學擅長投資實戰，更貼近人的實際行為，因此備受投資人追捧。

本章介紹行為金融學的基本框架，解釋行為金融學為何擅長投資實戰，揭示投資人能夠打敗市場、獲取超額收益的原因。

行為金融學為何擅長投資實戰？

二〇一一年十一月，哈佛大學爆出了一則新聞：大約七十名哈佛大學學生集體退選了葛雷葛利・麥基（Gregory Mankiw）教授的經濟學原理這門課。麥基是美國著名經濟學家，他寫的《經濟學原理》和《總體經濟學》這兩本書，是全世界大多數大學的經濟學專用教材。然而，如此厲害的一個人，學生們竟然質疑他說：麥基教授，您告訴我們世界有多麼理性、市場多麼有效，那為什麼還會發生這麼嚴重的金融危機？您為什麼不告訴我們，世界的運作還有其他規律存在？

學生們退選麥基的課，倒不是認為麥基講課有什麼問題，而是藉此對教育制度發難，認為學校不該只傳授一種思維方式。

這件事讓整個教育界開始反思：大學只開設傳統經濟學、傳統金融學課程的做法可能是有問題的，它應該告訴學生，世界是多元的，認識世界的方式也應該多元；更重要的是，大學要給學生獨立思考的機會，讓他們自己去辨別究竟該用哪種理論引導實作。

如今，包括哈佛大學在內的很多大學已經開設了行為金融學課程，而行為金融學也顛覆了人們對金融市場的傳統認知。

行為金融學怎樣認識世界？

芝加哥大學流傳著一個笑話。有人驚呼：「地上有一百美元！」傳統金融學家說：「這不可能，地上不應該有一百美元，有的話早被撿走了。」而行為金融學家則說：「怎麼不可能？」他跑去一看，地上果然有一百美元，於是開開心心地把它撿走了。

可見，傳統金融學研究的是市場「應該是」什麼樣，從均衡的角度來看，地上不應該有一百美元，這是長期的趨勢和規律，而行為金融學研究的是真實市場「實際是」什麼樣。

行為金融學認為，不能用「應該是」的理論來引導決策，否則會出問題。比如，監管者在面對市場時，不能因為認為市場從長期來看總是對的，就不管它了；如果能早點干預市場，說不定金融危機就不會發生。

實際上，任何學科和領域都可以用這兩種方式思考問題。

比如：物理學從「應該是」的角度看待宇宙的運作規律，認為一切都是均衡的呈現；而在生物學看來，每個物種「實際是」在優勝劣汰的進化過程中捕捉生存機會，以完成自我的反覆運算升級。

再比如：法學家從「應該是」的角度，保證司法體系從長遠來看能維持公平；而律師則蒐集證據，從「實際是」的角度，為委託人爭取權益。

在看待任何領域的事物時，「應該是」的視角幫我們掌握長遠基準，「實際是」的視角幫我們理解當下發生的事情。

理解了傳統金融學和行為金融學的不同視角之後，我們還要明白這兩種視角從哪裡來，到哪裡去。

傳統金融學和行為金融學的根本分歧

我們可以把金融學比作一棵大樹，樹是有根、有幹、有枝、有葉的，而且越是在根上的理論越基礎，任何學術進步都是在這棵樹的某個部位生了新芽，發了新葉；如果根上的理論不成立，整棵樹就會倒掉。那行為金融學是在樹的什麼位置與傳統金融學分開了呢？答案是：根。行為金融學與傳統金融學是從根上分開的，它們的理論基礎不同，有各自的理論體系，長成了兩棵完整的大樹。然而，它們的樹冠部分卻是重合的，也就是說，行為金融學和傳統金融學研究的是同樣的問題，只不過兩者的出發點不同，其各自得出的結論也就大相徑庭。

那兩棵樹的根有何不同？

首先，我們來看傳統金融學的根在哪裡。

舉個例子，經常有人問我：「陸老師，我們家孩子以後想從事金融業的工作，應該學什麼專業呢？」這個問題的答案其實很簡單，而且有個「標準」答案。

從學科分類來說，金融學是二級學科（編按：中國大學的學科分類有三層，由上而下為學科門類、一級學科、二級學科，對應到臺灣的制度就是領域、學門、學類），它的一級學科是應用經濟學，而應用經濟學的學科基礎是數學。所以，大學時學基礎學科——數學，碩士轉一級學科——應用經濟學，博士轉二級學科——金融學，這就是金融人才的標準培養路徑。

傳統金融學認為，金融學是經濟學基本理論在金融市場的展現而已；而經濟學的最基本假設，或者說這棵樹的根是「人是理性的」。簡言之，意思就是所有人的決策都可以用數學的方法計算出來，就像機器人一樣精確。我們可以把理性人理解為機器人，機器人不會出錯，因此在均衡的市場條件下，我們在任何時刻觀察到的金融資產價格都是那個時刻所有資訊的準確反映，這就是「效率市場假說」，它是傳統金融學根上的理論，提出這一理論的經濟學家尤金．法瑪（Eugene Fama）在二〇一三年獲得了諾貝爾經濟學獎。

其次，我們再來看看行為金融學的根在哪裡。

二十世紀七〇年代，有兩位學者經常在一起聊天，其中一位是金融學家，另一位是心理學家。金融學家說：我們研究金融市場的某某問題，並得出結論；而心理學家卻說：這好像不對吧？因為從心理學的角度看，結果不會是這樣的。

心理學家說的確實沒錯，從根本上說，金融學屬於社會科學，社會科學研究的是與「人」相關的社會運行規律。在金融市場上，買什麼、賣什麼的決策都是由人做出的，因此金融學當然應該先從人出發研究問題，而不是從數學出發；而人是怎麼想、怎麼做的，是心理學的研究領域。

因此，兩位學者開始系統地從心理學角度出發研究金融學，由此開創了行為

金融學派 。這兩位學者就是丹尼爾・康納曼[a]（Daniel Kahneman）和阿莫斯・特沃斯基（Amos Tversky）。二〇〇二年，康納曼獲得了諾貝爾經濟學獎，這表明了行為金融學正式被學術界認可。遺憾的是，特沃斯基英年早逝，錯過了這份榮耀。

行為金融學的特點

自康納曼和特沃斯基創立行為金融學後，越來越多的人意識到，這套理論更能解釋金融市場的各種現象。從二十世紀八〇年代開始，行為金融學理論迅速發展，逐漸形成了與傳統金融學對峙的態勢。到了二十世紀末，甚至有學者說：「我預測行為金融學在不遠的將來會成為一個多餘的術語，因為除此之外，還能有別的金融學嗎？」（“I predict that in the not-too-distant future, the term ‘behavioral finance’ will be correctly viewed as a redundant phrase. What other kind of finance is there?”）說這句話的也是一位行為金融學家，叫理查・

塞勒（Richard Thaler）[b]，他是二〇一七年諾貝爾經濟學獎得主。

當然，行為金融學後來並沒有完全取代傳統金融學，兩種理論都在發展。但是，相比傳統金融學，行為金融學更貼近實戰。有意思的是，理查・塞勒常被稱為「臨床經濟學家」，也就是真正能解決現實問題的經濟學家。

行為金融學最適用的領域是投資實戰、制定交易策略。如今，人們常見的所謂「量化交易策略」，大多數都是以行為金融學理論為基礎的。

在金融市場上，那些原來在大學裡當金融學教授，後來轉做投資實務的人，一般都是行為金融學家。而傳統金融學家做研究的多，做實務的少。

很多教授之所以轉去做投資實務，原因很簡單，因為投資實務所獲得的收益高，而且制定行為金融學的交易策略甚至不需要建構一支龐大的團隊，也不需要雇用很多分析師去各家公司做調查，很多成功的行為金融交易團隊甚至只有幾個人。這是不是很神奇？

a 丹尼爾・康納曼，心理學家、經濟學家，著有《快思慢想》。

b 理查・塞勒，美國行為金融學家，著有《贏家的詛咒》《推出你的影響力》《不當行為》。

▼**重點整理**

1 傳統金融學研究的是市場「應該是」什麼樣，而行為金融學研究的是真實市場「實際是」什麼樣。不能用「應該是」的理論來引導決策，否則會出問題。

2 行為金融學和傳統金融學研究的是同樣的問題，只不過兩者的出發點不同，其各自得出的結論也就大相徑庭。

3 行為金融學最適用的領域是投資實戰、制定交易策略。如今，人們常見的所謂「量化交易策略」，大多數都是以行為金融學理論為基礎的。

人是不是真的有智慧戰勝市場？

行為金融學用一套新的解釋方法，顛覆了人們對金融市場的理解。

舉個例子，如果你炒股票，會怎麼挑選股票？面對這個問題，大多數人會說：挑一家有潛力的好公司股票啊！巴菲特是這麼說的、傳統金融學是這麼教的，大多數人也是這麼做的。

但是，好公司的股票就等於好股票嗎？

一家好公司，每股股票值二十元；一家壞公司，每股股票只值十元。好公司的基本面比壞公司強，但是當好公司原本每股價值二十元的股票賣到了四十元，它還是好股票嗎？當然不是；而壞公司原本每股價值十元的股票，可能只賣五元，它算是壞股票嗎？也不算。

行為金融學與傳統金融學的差異就在於此：傳統金融學認為，每股股票值二十元的公司，其股票價格應該正好是二十元，每股股票值十元的公司，其股票價格也應該正好是十元，不存在錯誤定價；而行為金融學認為，價值二十元的股票被炒到四十元很常見，價值十元的股票大家都不喜歡，就只能賣五元。所以，凡是有關「錯誤定價」的說法，都是基於行為金融學的判斷。

這只是一個例子。行為金融學誕生之後，不管是投資人、融資者，還是監管者，對金融市場的判斷和決策都發生了變化。這一變化和每個人都息息相關，因為在金融學看來，市場上只有三種人——投資人、融資者和監管者，每個人必是其中之一。

那這三種人是如何被行為金融學改變的？來看三個故事。

投資人：獲取超額收益是否可能？

第一個故事「猩猩與投資專家」，是關於投資人的。

這是傳統金融學經常引用的華爾街的一個著名實驗，想要驗證長久以來一個有爭論的問題：人是不是真的有智慧戰勝市場。

實驗者找來一隻會扔飛鏢的猩猩，藉由讓牠扔飛鏢來決定買什麼股票；同時也找來一些知名投資專家，讓他們精挑細選出最該買的股票。過段時間後再比較猩猩和投資專家的業績。

你猜結果如何？兩者還真差不多，甚至猩猩還略勝一籌。很多人可能會想：怎麼可能？知名投資專家的決策為什麼還不如猩猩？首先，這個實驗是真的，它想說明：傳統金融學認為，市場不可預測，沒有任何人、任何一種交易策略可以持續地打敗市場，這叫「效率市場假說」，是傳統金融學樹根上的理論。

其次，這個故事告訴人們：作為投資人，如果你相信傳統金融學理論，就不要每天刻意挑選投資類型了，買股票就買大盤，即股票指數，這是最優組合。這一理論叫作「現代投資組合理論」，提出此一理論的人獲得了一九九〇年的諾貝爾經濟學獎，他就是哈利．馬可維茲（Harry Max Markowitz），被尊稱為「現代投資之父」。

但是，從行為金融學的角度看，這個故事不成立。為什麼？因為「猩猩與投資專家」的實驗樣本量太少，不具有代表性。金融市場的行為主體是人，而人的行為是有規律、可預測的。因此，以人為行為主體的市場就有規律可循，戰勝市場是完全可能的。在金融市場上，不只要考慮買什麼、賣什麼，什麼時候買、什麼時候賣也必須顧慮。

讀完這本書你會知道，金融市場究竟有什麼規律，你怎麼做能打敗市場。

融資者：有沒有更簡單的方法籌到錢？

第二個故事是關於股票高配股的，也是關於融資者的。按照傳統金融學理論，如果融資者想要籌到更多錢，就得提升公司業績，讓公司更值錢，這樣才能給投資人信心，讓他們願意借出更多資金。但看完這個故事你會知道，在股市上有更簡單的方法可以籌到錢。

股票高配股是股票市場的特有現象，很受投資人追捧，指的是上市公司給每位持有其股票的股東發放的一種「福利」，也叫股票股利。什麼意思？公司賺了錢，會把其中一部分分給股東，這就是股利，即分紅。股利一般都以現金形式發放，但也有不發現金而配發股票的，這種以股票形式發放的股利被稱為股票股利；股票股利發放的比例高，就叫作高配股。

很多投資人覺得這是好事——買這家公司的股票得到的更多，因此很願意投資。但是，他們錯了，投資人其實什麼都沒多得。這就像分蛋糕，蛋糕大小不變，但切的份數變了；十個人分，原本每人分得一份，現在給每人多送一份，就等於一個蛋糕被切成了二十份，那每份不就變小了嗎？

所以，這種股票股利根本沒有意義，只是個遊戲，投資人手中的股票數量翻一番，但每股的價值下降一半。

然而，奇怪的是，投資人卻特別喜歡這種做法，紛紛追捧高配股的股票。為什麼？因為投資人不是機器人，他們很容易被騙，把股票當成青菜買；每股十元的股票太貴，買十股送十股，相當於每股五元，他們覺得這樣很便宜。但他們沒有注意到的是，這時股票的價值並沒有變化。

我把這種現象叫作「低股價幻覺」，融資者利用投資人的這種非理性，可以達到不用提升業績就能多籌資的目的。

這個故事告訴我們，籌資市場並不像傳統金融學認為的那樣——人都是理性的；在真實的籌資市場上，籌資的時間、方式、如何回饋投資人等都非常重要，這與行為金融學的觀點完全相符。

監管者：市場到底要不要管

第三個故事「監管理念與金融危機」，是關於監管者的。

二〇〇六年，美國在風景優美的傑克森小鎮為葛林斯潘（Alan Greenspan）舉辦了一場慶功會。葛林斯潘曾經是聯準會主席，在職時間長達十九年，任期跨越六屆美國總統。當時金融界流傳著一句話：葛老一打噴嚏，全球就得下雨！

葛林斯潘深受傳統金融監管思想的影響，長期奉行一個監管原則：儘量不要過多插手市場，當好裁判就行。

在這場慶功會上，當各界名流對葛林斯潘的豐功偉績歌功頌德時，一位名叫拉古拉姆．拉詹（Raghuram Rajan）的教授說了一句話，讓大家很吃驚，他說：「葛林斯潘，你長期以來對金融市場放任不管是不對的，可能會造成嚴重的後果。」拉古拉姆．拉詹當時任職於芝加哥大學，是一位印度裔的美國教授。他這句話在華爾街引起了一場不小的爭論，大家都認為他誇大其詞，直到二〇〇七年金融危機爆發，拉古拉姆．拉詹一語成讖，他也一躍成為二十一世紀最偉大的四位經濟學家之一。後來，印度還把他請回去，做了印度央行的行長。

然而葛林斯潘從不承認金融危機跟自己有什麼關係，直到二〇〇八年十月二十四日，葛林斯潘首次在《紐約時報》上公開表態，承認自己可能犯了一個錯誤，他說：「我可能高估了投資人的理性，低估了機構的貪婪。」

高估理性、低估貪婪，這完全是行為金融學的觀點。所以，監管者是相信傳統金融學，認為市場可以自我修復、對市場放任自流？還是相信行為金融學，認為市場會經常失靈、採取積極的干預措施？對整個金融市場來說，其結果完全不同。監管者一旦選錯，甚至會對市場產生致命的影響。

可見，行為金融學不僅提供了另外一套完整的金融學思維方式，還在用更有效的方式影響著人們對金融市場的判斷與決策。

▼重點整理

1 在金融市場上，不只要考慮買什麼、賣什麼，什麼時候買、什麼時候賣也必須顧慮。

2 股票股利根本沒有意義，只是個遊戲，投資人手中的股票數量翻一番，但每股的價值下降一半。

3 傳統金融學認為市場可以自我修復、對市場放任自流；行為金融學認為市場會經常失靈、要採取積極的干預措施。

價格錯誤是如何產生的？

行為金融學的基本框架可以透過畫一棵大樹來認識，當你心中有了這棵樹，就能知道本書涉及的知識點將在什麼時間、什麼情況下影響金融行為和決策。

兩種金融學的爭論

二〇一三年諾貝爾經濟學獎的授予非常特殊，兩位研究同一領域但觀點完全相左的學者——行為金融學家羅伯．席勒（Robert Shiller）和傳統金融學家尤金．法瑪同時獲得了這一獎項，這種情況在諾貝爾獎歷史上十分罕見。

羅伯．席勒的代表觀點是大盤可預測理論，該理論認為大盤的規律是可以預測的；而尤金．法瑪的代表觀點則是效率市場假說，該理論認為大盤不可預測。兩人同時得獎，說明這個問題在理論上沒有明確答案，他們的觀點都得到了認可。

既然行為金融學和傳統金融學針鋒相對，那麼我們就可以透過傳統金融學的對應觀點，去理解行為金融學的理論框架。

透過兩棵樹看懂行為金融學

傳統金融學和行為金融學長成了兩棵完全不同的大樹，它們的具體不同到底有哪些呢？

1 根上的分歧：效率市場假說與錯誤定價

一門學科要挑戰另一門學科，從樹根的位置撬動才最有效。

如前文所述，傳統金融學的根是效率市場假說，這個理論之所以到二〇一三年才獲得諾貝爾經濟學獎，是因為它一直受到行為金融學的挑戰。效率市場假說的基本結論是，金融資產的價格總是正確的，即價格總是等於價值。而行為金融學認為，價格通常與價值不符，會產生錯誤定價。

2 人是理性的與人是非理性的

在傳統金融學中，用來支持「價格總是正確」的理論是：人是理性的。人做決策分兩步：第一步，認識、了解決策物件；第二步，透過比較做出選擇。傳統金融學認為：在認知過程中，人可以正確認識決策物件；在選擇過程中，理性人會選擇對自己效用最大的選項，這叫預期效用最大化。

按照傳統金融學的觀點：如果你是消費者，廣告、「雙十一」應該對你毫無影響；你如果是企業家，就應該不會錯過賺錢的良機；你如果是投資人，就應該擁有像電腦一樣的記憶和計算能力。因為每個人都是理性人，所以市場決策一定會使所有資源都實現最優配置。

而行為金融學的觀點恰好相反。行為金融學認為：在認知過程中，人無法正確認識決策物件；在選擇過程中，決策並不取決於效用的絕對值，所有決策都是比較而言的。比如，老闆給員工A發了一萬元獎金，A高興不高興，取決於他的同事拿了多少獎金，這就是決策非理性，也叫展望理論（Prospect Theory），是行為金融學領域第一個獲得諾貝爾獎的理論。

看到行為金融學的研究成果，傳統金融學家開始讓步，承認認知和決策過程中存在非理性。但他們認為這些非理性是隨機發生的，而隨機就意味著結果可以互相抵消，因此最後均衡的結果不變，價格還是正確的。

對此，行為金融學借鑒社會心理學的研究結果給出了回應。社會心理學透過研究群體行為得出「三個臭皮匠，勝過一個諸葛亮」這句老話並不成立，因為人都有理性的一面和非理性的一面，如果非理性的一面被統一，那麼心理群體的智商甚至比單個理性人的智商還要低。非理性的心理群體會產生系統性合力。

系統性和隨機不同。在隨機情況下，事情的發展互為不同方向，因而結果可以互相抵消，而系統性是同方向的。比如，當股票價格跌得很慘的時候，大家會同時產生恐慌情緒，都不願意買，全都在賣，這就叫系統性。

社會心理產生的系統性影響，使價格不會像傳統金融學預期的那樣迅速修復，而是會持續下跌，股市崩盤就是這個道理。

3 套利與有限套利

傳統金融學家說：即便社會心理學的解釋有一定道理，那又有什麼關係？我們還有一個法寶——套利，套利可以消除一切價格偏差。

諾貝爾經濟學獎獲獎人史蒂芬·羅斯（Stephen Ross）曾說過一句經典的話：「要教會一隻鸚鵡金融學，你只需要教給牠一個單字——套利。」什麼是套利？簡言之，一買一賣就是套利，套利是保證傳統金融學所有理論成立的基礎。

在傳統金融學看來，套利有三個條件：零成本、無風險、正收益。如果有一件事滿足以上三個條件，理論上你應該動用全世界的財富去做這件事，直到套利機會消除。所以，傳統金融學認為，哪怕世界上只有一個人是理性的，他都能完成套利、糾正價格偏差，使價格恢復到價值，所以價格還是正確的，傳統金融學的理論依然成立。

對此，行為金融學的回應是：真實市場的套利不可能零成本、無風險、正收益。真實的套利是有限制的，被稱為有限套利。有限套利使理性人不敢套利，因此套利機會一直存在，出現價格錯誤很正常。如果把行為金融學比作一個人，我們可以把有限套利看作行為金融學的一條腿，而造成價格偏差的原因——心理學——是行為金融學的另外一條腿。

▼重點整理

1 傳統金融學的效率市場假說是，金融資產的價格總是正確的，即價格總是等於價值。行為金融學認為，價格通常與價值不符，會產生錯誤定價。

2 傳統金融學認為：在認知過程中，人可以正確認識決策物件；在選擇過程中，理性人會選擇對自己效用最大的選項，這叫預期效用最大化。行為金融學認為：在認知過程中，人無法正確認識決策物件；在選擇過程中，決策並不取決於效用的絕對值，所有決策都是比較而言的。

在現實生活中，你該如何套利？

在金融市場上，套利非常重要，但由於它的專業性較強，人們常常覺得深奧。究竟什麼是套利？現實中的套利為何存在限制？有哪些需要注意的風險點？接下來為你一一解答。

什麼是套利？

廣義上，我們日常生活中的很多行為都可以歸為套利，只是很多人沒有意識到。你可以把套利理解為一種兩兩比較的操作：出售A，換取更划算的B。比如，某人投資了房產和股票，當房價下跌、股市繁榮的時候，他賣掉房子，用賣房子的錢買了股票，這就是套利。再舉個例子，股民們進行股票部位轉換（將一檔股票換為另一檔股票），也是廣義上的套利行為。

那套利和一般的金融商品買賣有什麼區別？單買、單賣金融商品都是投機，投機就是賭漲或賭跌，其結果不成則敗，收益和風險都很高。但套利與投機不同，套利是做兩筆操作，透過一買一賣賺取差價：整體上漲，即買方和賣方都在漲，賺的是買方和賣方的差價；整體下跌，即買方和賣方都在跌，賺的是買方和賣方的差價；整體平穩，即買方和賣方都平穩，賺的還是買方和賣方的差價。同時做一筆買和一筆賣，可以對沖系統性風險（整體價格變化），只要買方和賣方存在價差，就可以賺錢（套利收益），所以套利的風險比投機小得多。

此外，套利買進和賣出的必須是差不多的東西，但兩者價格不同。理論上，相同的東西應該具有相同的價格，一旦價格不同，套利的人就能透過買入低估的、賣出高估的來獲得收益，最終使價差消失。

為什麼傳統金融學認為套利重要？

我們在前文中提到，傳統金融學之所以認為套利重要，是因為套利在理論上是「零成本、無風險、正收益」的，只要抓住套利機會，就能在金融市場獲利。

理論上的「零成本」是指，一買一賣，賣出的錢剛好可以用來買入，所以不需要成本；理論上的「無風險」是指，本質上相同的東西其價格會逐漸靠近，不存在不確定性；而理論上的「正收益」是指，套利的收益在初期就能確定。

但理論歸理論，在現實生活中，傳統金融學假定的這種套利機會並不存在，真實的套利都有限制。行為金融學將現實中的套利稱為「有限套利」，將理論上的套利稱為「教科書上的套利」。

現實中的套利為何存在限制？

金融市場上有三種常用的套利方法：跨市場套利、跨商品套利和跨期限套利。下面，我們分別來看為何現實中的套利是有限制的。

跨市場套利是基於同一種商品在不同市場上的價格不同。理論上，同一種商品應該只有一個價格；而在現實中，當價差出現的時候，套利者就可以透過買低賣高來套利。

中國有句老話叫「坐賈行商」。看過電視劇《大宅門》的人都知道，那時候，山西每年都有一次全國最大的藥材大集，百草廳的少爺白景琦帶著十萬兩白銀，在當地一待半個月，就是為了以低價囤積藥材，再運回北京銷售。這其實就是中國傳統的跨市場套利。

現實中，也有大量跨市場套利的現象。銅期貨在上海交易所和倫敦交易所的價格不同，考慮運輸成本後，如果存在價差，就可以低買高賣來套利。等到未來價差收斂後，就可以反向操作來平倉（把之前買進的賣出，把之前賣出的買進）。所以，套利的收益是建立在這兩個時點上的買賣價差之差。

跨商品套利是基於不同商品在同一個市場上的價格不同，例如在同一個市場上進行銅期貨和鋁期貨的套利。而跨期限套利則是基於同一商品在不同時間的價格不同，例如對銅期貨的三個月到期合約和五個月到期合約進行套利。

然而，現實中的套利都是有限制的。以跨市場交易為例，首先，套利是有成本的，因為無論在哪個市場上買賣，都需要交保證金，而且你賣空的那種金融商品收入是不可以提取出來用於買入的。

其次，套利是有風險的，因為價差不一定會很快收斂，在套利過程中，價差還可能會越來越大，從而導致保證金損失，套利失敗。

最後，套利的收益也並不是能保證的，因為套利者不一定能堅持到勝利的時刻，中間很可能由於保證金不夠，被迫平倉出局。

有部電影叫《大賣空》（*The Big Short*），講述的就是二〇〇七年美國金融海嘯發生前，幾位眼光獨到的投資人預測市場即將大幅度下跌，於是選擇做空市場來套利的故事。電影中就表現了幾位做空者在保證金中途虧光之後內心的煎熬。

套利失敗的典型案例：LTCM 的覆滅

LTCM（Long-Term Capital Management，長期資本管理公司）成立於

一九九四年，是一家主要從事債券套利的對沖基金，這家公司極其有名，因為它的合夥人中有好幾位諾貝爾經濟學獎得主，堪稱擁有頂尖金融智慧的最強投資團隊。LTCM 的投資業績確實傲人，主要依靠透過理論計算得出的「套利」機會，即買入被低估的債券，賣出被高估的債券。然而，即便是這樣的頂級高手，LTCM 還是敗給了自己最擅長的套利。

一九九八年，亞洲金融風暴使俄羅斯的債券價格過度下跌。如果是你，在這種情況下會怎樣做交易呢？可能很多人覺得，俄羅斯的債券價格過低，應該買入。但如果只買入這一種債券，要是它的價格不漲，你就虧損了，風險太大。

此時，還有另一種債券——德國債券，這種債券以前表現很好，但隨著歐元的啟動，它的優勢不再明顯；換言之，德國債券現在的價格有點高了。同理，你也不能單賣德國債券，因為不能確定德國債券的價格一定會跌，只要它的價格沒跌，你就虧損了。

所以，單賭俄羅斯債券價格會漲，或者單賭德國債券價格會跌，風險都比較大。但如果把兩者結合起來評估，俄羅斯債券有很高機率會比德國債券漲得快，這是比較確定的，所以比較保險的做法是：在買入俄羅斯債券的同時，賣出德國債券。LTCM 就是這麼做的，但高手套利成功了嗎？

並沒有。LTCM 沒有想到，同年八月，小機率事件（編按：發生可能性很小的事件）發生了：國際石油價格下跌，俄羅斯經濟不斷惡化，俄國政府突然宣佈盧布貶值，停止國債交易。投資人紛紛從亞洲市場退出，轉而持有美國、德國等發達國家的債券。

LTCM 兩邊都做錯了方向：買入的俄羅斯債券價格下跌，賣出的德國債券價格上漲，套利失敗。這家曾與量子基金、老虎基金、歐米茄基金並稱為國際四大對沖基金的「四大天王」之一，就此解體。

可見，現實中的套利並不像「教科書上的套利」那樣「零成本、正收益、無風險」，可以消除一切價格偏差；現實中的套利有很多侷限性和很大的風險。

那麼，是誰在市場上做套利這麼專業的操作呢？

答案是專業機構。因為套利的資金需求比較大，而金融市場的價格是由大資金的交易決定的，所以大機構的大量套利會影響資金價格。

那套利與我們普通投資人有什麼關係？正如開頭所說，日常生活中的很多行為都可以歸於套利，因為我們時刻都在比較，擇優就是一種廣義上的套利。請記住，只要是套利，就一定有成本、有風險，而且不見得會取得正收益。

有限套利使理性人即使看到套利機會也不太敢行動，因為這樣，套利機會才會在很長一段時間內存在。正因為現實中套利不能糾正價格偏差，我們才有必要了解價格偏差究竟是怎樣形成的。這時候，支撐行為金融學的另一條腿——心理學就開始發揮作用了。

▼重點整理

1 單買、單賣金融商品都是投機，投機就是賭漲或賭跌，其結果不成則敗，收益和風險都很高。但套利與投機不同，套利是做兩筆操作，透過一買一賣賺取差價。

2 金融市場上有三種常用的套利方法：跨市場套利、跨商品套利和跨期限套利。

3 日常生活中的很多行為都可以歸於套利，因為我們時刻都在比較，擇優就是一種廣義上的套利。請記住，只要是套利，就一定有成本、有風險，而且不見得會取得正收益。

Chapter

2

認知非理性

所謂認知非理性，簡言之，就是你無法正確認識自己想了解的事物。

很多人覺得，做投資的第一步是先去了解一家公司，然後再決策；如果第一步做錯了，最後的投資不可能正確。

然而，有一個令人吃驚的結果是，無論你在投資前做過多少調查，自認為對一家公司有多了解，實際上都無法真正了解一家公司。為什麼？

因為從認知心理學的角度來看，人在處理資訊的整個過程中都會存在認知偏差。人對事物的認知過程分為四個階段：資訊蒐集、資訊加工、資訊輸出和資訊回饋。

舉個例子，假設你要做股票投資，需要了解某家上市公司，要看一看它的財務報表、聽一聽業界新聞——這就是資訊蒐集階段。在第一階段，你就可能犯錯。

蒐集資訊後，你在看報表、聽新聞時，內心會產生判斷，這個閱讀理解過程就是資訊加工階段。在第二階段，你又可能犯錯。接著，你在資訊加工的基礎上做出了買入或賣出這家公司股票的決策，把資訊輸出去，這就是資訊輸出階段。在第三階段，你依然可能犯錯。

等看到決策結果——是賺了還是虧了，你會不斷學習反省，這就是資訊回饋階段。理論上，理性人應該會吸取教訓，但你的反省真的對嗎？後面我會告訴你，人們是會吸取經驗教訓，還是會重蹈覆轍。

接下來，我會帶你了解人在認知過程中的各種心理偏差。首先，從第一階段——資訊蒐集階段開始。

資訊蒐集階段的認知偏差：

你能真正了解一家公司嗎？

如今，我們有很多蒐集資訊的管道，比如，瀏覽網頁、刷微博、看微信、與朋友聊天等等。雖然管道很多，但歸結起來決策其實只依賴兩類資訊：一類是所有被你記住的資訊，另一類是還沒有被你記住的資訊。

易得性偏差

首先看第一類資訊，當資訊蒐集依賴被你記住的資訊時，你會犯什麼錯？請你做個測試，假設在英文書裡隨便挑個單字，這個單字包含一個字母r，請問：r更可能出現在這個單詞的首字母位置，還是第三個字母的位置？

我猜想，你的回答是首字母位置。你的判斷過程是：先趕快在腦海中找幾個單詞，這些單詞以r為首字母；再趕快找幾個單詞，這些單詞以r為第三個字母；然後，判斷哪種可能性更大。由於首字母檢索比較容易，我們查詞典都是按首字母來查，不會用第三個字母查，因此在你找到的單詞中，很可能以r為首字母的比較多，所以你的回答是首字母位置。但是，理性人的判斷卻與普通人不同，理性人認為r是輔音字母，按英語的造詞規則，輔音字母出現在單詞第三個字母位置上的可能性遠超首字母，因此理性人的回答是：第三個字母的位置。

與理性人相比，普通人錯在哪裡呢？普通人在認知的時候喜歡先在自己的記憶庫裡找資訊，那些容易被記住的資訊更有可能被提取出來，並被信以為真。這是一種典型的偏差（或錯誤）——易得性偏差，也叫現成偏差。

再舉個例子，假設給出幾檔股票的名字，其中有些你很熟悉、有些不熟悉，讓你判斷哪檔股票比較好。這時，大多數人會從熟悉的股票中選出自認為最好的，不太可能選擇自己不熟悉的。你在投資股票的時候，是不是也犯過這個錯？其實，不只是普通投資人，就連專業的證券分析師都會犯錯——他們推薦的往往是自己研究過的公司，而那些沒研究過的公司就真的不夠好嗎？這就是易得性偏差在發揮作用。

那麼，哪些資訊更容易被人們獲取，進而被記住呢？心理學研究顯示，事物的可想像性、新近性、顯著性和生動性等因素會影響人的記憶。

其中可想像性是指能想像出來的事更容易讓人認為是真的，不能想像的事無法從記憶中提取，從而不會被認為是真的。前面提到的英語單字的例子就是由可想像性造成的認知偏差。r作為單字第三個字母是讓人難以想像的，而作為首字母則容易想像得多，從而更易讓人認為是真的。

新近性是指剛剛發生的事更容易從記憶庫裡被提取出來，從而影響人的決策。比如：剛剛獲利的投資人更容易忽略風險，繼續買入；而剛剛虧損的投資人則更容易悲觀，不敢再碰。

新聞媒體的不斷報導會加深人們對某件事情的記憶，使人覺得這件事就是真的，進而影響人們的判斷。比如，某段時間新聞連續報導飛機失事事件，你可能會覺得飛機失事的發生率比車禍高，會儘量避免坐飛機。再比如，金融業每年都會評選「新財富最佳分析師」（編按：新財富是一家位於深圳的金融服務平台及媒體），分析師們在評比期間會非常活躍，希望進入榜單，因為上榜會影響別人的認知，使人因為熟悉而信任。所以，今後你投資時再看到各類排行榜可要留意，想想自己有沒有受到易得性偏差的影響。

此外，以更顯著、更生動的方式展現的資訊也更容易使人記住，令人信以為真。例如，你覺得哪位老師是最好的老師？你的答案可能是某位講課生動或感動過你的老師。而你可能不知道，那位安排了很多作業、不苟言笑的老師才是對你一生知識累積最重要的人。

金融市場也是一樣，無論哪家證券公司，它們的分析師報告都非常注重形式，其目的就是吸引人的關注，從而影響人的決策。在某種意義上，形式與內容同等重要，了解這一點，一定能提高你的工作和生活品質。

首因效應與近因效應

接著看第二類資訊，當資訊蒐集依賴你身邊正在發生的，但還沒有被你記住的資訊時，你會犯什麼錯。

身邊正在發生的事影響決策的方式有很多，其中最突出的一種是資訊發生的順序。

你經歷過「一見鍾情」嗎？一見鍾情後，即便發現對方有點問題，自己也願意接受；但如果沒能一見鍾情，就算後來對方再怎麼好，也不容易接受了。這種現象被稱為「首因效應」，指人們在做決策時，傾向於為首次到達的資訊賦予最大的權重。而像機器人一樣的理性人不會這樣做決策，他們會理性地分配各類資訊的權重。

在現實中，每個人都會受到首因效應的影響。比如，你仔細研究後，形成了對一家公司的判斷，此後就不太可能改變這個判斷了。如果你覺得它是家好公司，即使後來出了有關它的壞消息，你也會為它辯解；如果你覺得它是家壞公司，即使後來出了有關它的好消息，你也不會相信它。

有趣的是，資訊順序影響決策還有另一種完全相反的情況，叫「近因效應」，該效應指最後到達的資訊被賦予了最大的權重。請看下面兩句話：

- 我給你推薦一檔股票，A股票收益不錯，但，有風險！
- 我再給你推薦一檔股票，B股票有風險，但，收益不錯！

你覺得哪檔股票更好？多數人會感覺B好一點。

但仔細想想，這兩句話其實是一個意思，只是資訊的表達順序相反。最後到達大腦的資訊被賦予了更大的權重，從而導致人做出非理性決策。

既然首因效應和近因效應都能影響人的決策，那我們在現實中究竟該怎麼選擇？

這要看資訊到達的速度和強度，如果首因效應還未對你的決策產生影響，而此時你又收到一個資訊，則很可能近因效應就會佔據主導。例如，你在看幾張財務報表以評價一家公司，很可能你最後看的那張報表對你的影響更大。

▼**重點整理**

1 從認知心理學的角度來看，人在處理資訊的整個過程中都會存在認知偏差。人對事物的認知過程分為四個階段：資訊蒐集、資訊加工、資訊輸出和資訊回饋。

2 決策其實只依賴兩類資訊：一類是所有被你記住的資訊，另一類是還沒有被你記住的資訊。

3 心理學研究顯示，事物的可想像性、新近性、顯著性和生動性等因素會影響人的記憶。

4「首因效應」，指人們在做決策時，傾向於為首次到達的資訊賦予最大的權重；「近因效應」，指最後到達的資訊被賦予了最大的權重。

資訊加工階段的認知偏差：

為什麼股票分析不可信？

認知過程的第二個階段是資訊加工階段，這一階段最典型的認知錯誤是代表性偏差。理解這一點不僅有助於我們避開投資分析的誤區，還能對我們的日常工作和生活有所啟發。

代表性偏差的一個測試？

什麼是代表性偏差？先做個小測試。

小張很害羞，樂於助人，但對周圍發生的事不太關心，喜歡活在自己的世界裡；她很整潔，做任何事都很有條理，關注細節。

請問，小張更可能從事以下哪種職業：農民、銷售員、太空人、圖書管理員？

我猜想，你大概會說小張是圖書管理員；大多數人確實會這樣回答。

大多數人會覺得，小張太符合圖書管理員的形象了，與其他幾種職業的形象相差得有點多，但這真能說明她最有可能是圖書管理員嗎？

並不能。如果換成理性人，他們會按照貝氏定理計算小張從事圖書管理員工作的機率。

簡單地說，決定貝氏定理推算的真實機率為兩個機率的積數，這兩個機率是：代表性機率和無條件機率（貝氏演算法還有個分母，這樣的表述可以省去對分母的討論）。在這個測試中，代表性機率指的是給出的描述「有多像」或「在多大程度上代表了」一個圖書管理員，假設這個機率高達99％，這一機率被稱作「代表性機率」。但真實機率除了受這一項影響之外，還有另一項影響因素——無條件機率。

無條件機率不依賴於任何條件，可以將其理解為在大街上隨手一指，這個人就是圖書管理員的機率；這個機率非常小，可能不到十萬分之一。

相比之下，再來計算一下小張是農民的機率。假設一百個農民中，有一個人符合前面描述的特點，那麼它的代表性機率是1%。但由於中國的農業人口占總人口的40%（根據中國國家統計局的資料），所以這種情況下的無條件機率非常大。

再對比兩種情況下兩個機率的積數：圖書管理員職業下的99%乘以十萬分之一，遠遠小於農民職業下的1%乘以40%。所以理性人的回答是：小張是農民的可能性更大。大多數人認為小張是圖書管理員，錯在太關注代表性特徵，而忽略了其他資訊。

金融市場中常見的代表性偏差案例

可見，人們總是傾向於根據代表性特徵衝動地做出判斷，這被稱為認知的代表性偏差。

在金融市場中，代表性偏差非常常見。

比如，很多人看到某位基金經理連續獲得金牛獎——一個相當於最強基金經理的稱號，就立即做出判斷：都拿金牛獎了，那他一定是個好基金經理。

實際上，這些人忽略了，要得出正確結論，還有很多產生決定性影響的其他資訊。比如他這幾次成功可能是偶然的，不能將其歸於他的能力；如果把時間放長一點，或考慮到公司、團隊、工作經歷的偶然性等因素，這種隨機性就會消失。也就是說，人們沒觀察到的因素太多，根據現有代表性特徵的資訊量不足以做決策。

再比如，很多人看到一家公司連續三年利潤翻倍，然後立即對它的股票做出判斷——買！這還是代表性偏差在發生作用。「連續三年利潤翻倍」是一家好公司的代表性特徵，但並不意味著這家公司就是一家好公司，其中還有很多資訊被忽略了，例如：公司高層近期需要出脫持股，業績就有可能是刻意調整出來的；或是這家公司未來的盈利機會消失，業績可能無法持續。大多數人會被公司的一些代表性特徵吸引，從而立即做出判斷。

再舉個例子，假設一位平時很可靠的朋友給你推薦了一檔股票，出於對他的信任，你立刻就買入了——這也是代表性偏差。這件事裡的代表性特徵是：

你的朋友很可靠；由於你太看中這個代表性特徵了，覺得他推薦的一定是好股票。但實際上，在一檔股票好不好這件事上，被朋友推薦與否這個因素實在是太不重要了，卻讓你忽略了這家公司的很多其他資訊。

代表性偏差與小數法則

在日常生活中，代表性偏差無處不在，隨時隨地影響著你的判斷。人們為何會那麼衝動，覺得僅憑幾個代表性特徵就可以做判斷了呢？原因在於，很多人可能將「大數法則」誤用為「小數法則」了。

「大數法則」是機率論歷史上第一個極限定理，指的是當試驗次數足夠多的時候所呈現的統計規律性。例如，你擲一枚均勻的硬幣，若次數足夠多，出現正面的機率應該無限接近二分之一。需要注意的是，大數法則在資料量足夠多、樣本量足夠大時才能下結論。

而代表性偏差則是人們誤用了大數法則，只用少量樣本就做決策，這種錯誤被稱為「小數法則」。還是以擲硬幣為例，如果之前擲的連續六次都是正面朝上，此時請你下注押下一次，你押正面還是反面？你可能會押反面。即使賭場高手也會犯這種錯誤，所以小數法則也被稱為「賭徒謬誤」。小數法則錯誤的根源在於，小樣本是不可以用來做統計推斷的；小樣本下出現的結果是偶然現象，下一次出現正面和反面的機率仍然相等。代表性偏差錯就錯在用了小樣本的少量資訊來做判斷，對於少量資訊過度反應了。

這種小樣本的代表性偏差同樣容易出現在金融市場裡，比如挑選基金經理、評選分析師、預測公司盈餘、預測市場、挑選股票等等。

炒股票的人總有一些特別信賴的股票分析師，覺得他們的預測特別準。實際上，股票分析師的話不可輕信，為什麼？舉個投資中常見的騙局例子：假定一個人吹噓他是推薦股票的大神，薦股從來沒出錯過，看看他是如何讓人們相信他說的話是真的。

這個人第一週向八百個人發出八百條微信訊息，其中四百條說某檔股票會漲，四百條說會跌；第二週，他向其中接收到的資訊符合股票實際漲跌情況的四百人再發微信，其中兩百條說這檔股票會漲，兩百條說會跌；第三週他再向接收到「正確」資訊的兩百人發微信，其中一百條說這檔股票會漲，一百條說會跌。你會發現，三輪之後，一定會有一百人發現這人連續三次說對了這檔股票的漲跌，簡直是太神奇了！於是這些人就信了這個人，跟隨他投資。

透過這個例子我們就能看出來，這個人的推薦完全是隨機的，但總有一部分人打開電視、打開收音機、翻開報紙、打開微信會連續收到他說對的訊號；這樣一來，這個人的代表性特徵就表現出來了，很多人可能就按此做決策了。

其實，不僅是面對不認識的人，當人們面對熟悉的人時，更容易犯這種錯。只要一個朋友有幾次做對了、說對了，你可能就會覺得他很厲害，從而輕信他。了解了代表性偏差之後，你就能理解之前做的很多判斷可能是衝動的。

在金融投資中，很多人或投資標的都會展現出一些代表性特徵，我們在做投資決策時應該警惕這種直覺式思維，至少應該認知到這樣決策會有很大的風險。

▼**重點整理**

1 人們總是傾向於根據代表性特徵衝動地做出判斷，這被稱為認知的代表性偏差。在金融市場中，代表性偏差非常常見。

2 「連續三年利潤翻倍」是一家好公司的代表性特徵，但並不意味著這家公司就是一家好公司，其中還有很多資訊被忽略了。

3 小樣本下出現的結果是偶然現象，下一次出現正面和反面的機率仍然相等。這種小樣本的代表性偏差容易出現在金融市場裡，比如挑選基金經理、評選分析師、預測公司盈餘、預測市場、挑選股票等等。

資訊輸出階段的認知偏差：

為什麼人越自信賠得越多？

認知過程的第三個階段是資訊輸出階段，指的是蒐集資訊並理解加工後，要做出買或賣的決策了。在這個階段，人們最容易犯的認知錯誤是過度自信。自信是對自己能力的認知。傳統金融學認為，理性人對自身能力的認知是準確的。非理性的人對自己能力的認知超過了自身的實際水準，也就是過度自信。過度自信是人與生俱來的性格特點，實際上，市場多數投資人都是過度自信的，而這會導致投資決策偏差。

什麼是過度自信？

心理學家認為，過度自信大概是最經得起檢驗的人的認知偏差，也就是說，正常人一般都會過度自信。

舉個例子，假設你是一位剛剛創業的私人企業主，和其他五十個同樣剛創業的人坐在一起，如果有人說：覺得自己的企業能活過五年的請舉手。這時，你很高機率會舉手，相信現場80%以上的人都會舉手；你可能覺得，我的企業肯定能活過五年，否則我當初就不會創業了。

揭曉一項真實資料，一份統計結果表明，新創企業的破產風險非常高，能活過五年的機率不會超過三分之一，也就是說超過三分之二的新創企業會在五年內消亡。顯然，人們對自己能力的認知超過了實際水準，這就是過度自信。

人為什麼會過度自信？

人為什麼一定會過度自信呢？原因有很多。從生物進化的角度看，過度自信可以讓自己顯得比實際上更聰明和強壯，增加個體傳宗接代的機會；從社會環境角度看，自信的人比不自信的人能獲得更多工作機會和交友機會；而從個人成長軌跡來看，很多人被家庭過度保護，這也逐漸滋長了個人的過度自信。

以上原因都很好理解，但在這裡我要強調心理學提出的一個原因，它和我們的投資決策息息相關。

心理學家揭示，人的過度自信與資訊累積有關。如果一個人對股票投資一點都不懂，他會自信嗎？應該不會。當一個人沒有任何資訊和知識的時候，他是沒有自信的；隨著資訊蒐集得越來越多，比如透過對股票專業知識的系統學習，他的能力相應提升，自信就會同步增強；假設他又讀了《為何賣掉就漲，買了就跌？》這本書，資訊累積得更多了，能力進一步提升，自信進一步增強……資訊、能力、自信，此時是同步增長的。

但需要注意的是，資訊累積沒有上限，能力提升卻有上限。一個人可以不斷增加各種資訊累積，但能力會封頂。到了一定程度後，隨後到達的資訊沒有使能力提升，卻還在不斷增強自信。最終，人的自信程度會超過自身的實際水準。這就是人一定會過度自信的原因。

過度自信的利弊

對金融市場來說，過度自信的影響非常深遠。傳統金融學中有個定理叫「無交易定理」，意思是在沒有什麼新資訊的情況下，理性人對金融資產價格的判斷沒有分歧，既然沒有分歧，大家意見一致，要買都買，要賣都賣，那就不會有人要買，同時又有人要賣，因此均衡的時候應該沒什麼交易量。而實際情況是，市場每時每刻都有大量的成交，原因就在於投資人都是過度自信的——A只相信自己的判斷，認為價格被低估了；B也只相信自己的判斷，認為價格被高估了——最終成交。所以，成交實際上就是意見分歧的體現。

總體而言，留在金融市場上的人都是過度自信的，因為這些人肯定是認為自己能戰勝市場、能賺到錢，才會留下來的。這一點和傳統金融學恰恰相反，傳統金融學認為，留在市場上的人都是理性的，都是恰當自信的。

過度自信能放大市場的成交量，提高市場的流動性，所以過度自信對於市場來說是有益處的。

當然，過度自信也有壞處，它會使人感覺良好，做一些在理性情況下不會做的事情，人們可能會因此付出高昂的代價。例如，在醫生診斷病人、法官審判案件或央行設計利率時，過度自信都會導致嚴重的社會後果。

在金融市場上，過度自信使人忽視風險，做出過度的交易。換言之，不該買入的時候，很多人不斷地買入；不該賣出的時候，很多人又不斷地賣出。很多投資人做了不少交易，但發現沒賺什麼錢，做得越多，虧得越多，就是這個原因。

影響過度自信的因素

哪些因素最容易影響人過度自信的程度？

首先，專業知識會影響人過度自信的程度，專家或自認為是專家的人過度自信的程度更嚴重；專家的能力確實比一般人高，但他們的過度自信也會更嚴重。當任務難度小、可預測性非常高時，專家的預測可能更準確；而當任務難度大、可預測性非常低時，自認為是專家的人更容易對市場預測發表觀點，並且常常高估自己預測成功的機率，這時我們就要客觀判斷專家的建議了。

其次，經驗也會影響過度自信的程度。金融市場上有一句話：沒有經歷過一次完整牛熊市的人都不是一個合格的投資人。為什麼這麼說？因為在投資人的投資生涯中，投資成功的經驗會增加過度自信的程度，牛市往往會導致更嚴重的過度自信，而經歷過熊市的投資人則會更加悲觀。投資人只有經歷過一次完整的牛熊市，才能平衡自己的投資心態和決策。

要想減少損失，我們需要克服過度自信的傾向。

怎樣避免過度自信？

在平時的生活中，你對自己和對別人用的是同一套評價系統嗎？面對這個問題，大多數人會回答：應該是吧。但真實情況是，過度自信主要是對自己而言的，一個人對別人的評判卻往往很準確。

人們在判斷自己創辦的公司能否成功時，通常會過度自信；但在評判別人公司成功的可能性時，結論往往很準確。即使你了解新創企業存活五年的機率不超過三分之一，也會堅持認為其他公司應該基本符合這個規律，只有自己例外——每個人都是這樣想的。

再舉個例子，A想頂下一間店面來做生意，上一手因經營不善離開了。A在頂下店面的時候，可能從來沒想過，自己的經營很有可能與上一手一樣。

所謂當局者迷，就是這個道理。自己如果是當事人，往往看不清局勢；自己如果是旁觀者，就很容易指出其中的問題。

做金融投資也是一樣，你一定是相信自己有能力，才會去投資；你也能接受大多數散戶會虧錢的現實，但你覺得自己和別人不一樣——每個人都是這樣想的。就像每個遭遇大病的人，在生病前絕對不會想到這件事會落在自己頭上。

那怎樣才能避免過度自信呢？站在協力廠商的立場去看，評判會準確得多。或者站在一個更高的視角，或者嘗試置身事外，這些都是很有效的思維方法，不妨在生活中試試看。

▼重點整理

1 在金融市場上，過度自信使人忽視風險，做出過度的交易。很多投資人做了不少交易，但發現沒賺什麼錢，做得越多，虧得越多，就是這個原因。

2 經歷牛市的投資人往往會導致更嚴重的過度自信，而經歷過熊市的投資人則會更加悲觀。投資人只有經歷過一次完整的牛熊市，才能平衡自己的投資心態和決策。

資訊回饋階段的認知偏差：

踩過的坑為什麼還會踩？

認知過程的第四個階段，即最後一個階段是資訊回饋階段。在前三個階段，人在了解投資物件時都會產生認知偏差。那人能不能透過不斷學習和反思，糾正這些偏差呢？不管這次投資是成功還是失敗，好好總結，下一次應該會比這一次更好吧？

很遺憾，並不會。無論是在投資上還是生活中，人們即便發現了自己的問題，仍然很難透過學習和反思進行糾正。

踩過的坑為什麼還會踩？為什麼人們很難隨著經驗的豐富逐步消除認知偏差，最終變得像機器人一樣理性？

心理學研究表明，之所以會出現這樣的結果，是因為人在資訊回饋階段會出現幾種常見的認知偏差，這些偏差包括自我歸因、後見之明、認知失調、確認偏誤和迷信制約等。也就是說，人們雖然看到了結果，但對待結果的態度卻與機器人不同，這些認知偏差會使人重蹈覆轍而不是越來越理性。下面一一介紹這幾種認知偏差。

自我歸因

資訊回饋階段的第一種偏差是自我歸因。

歸因就是追溯事情產生的原因。自我歸因偏差指的是，人們容易把好的結果歸因於自己的能力，而把壞的結果歸因於他人或客觀原因。

我們看上市公司公布的年報、季報就會發現：在總結業績時，如果業績上漲，公司一般都會將原因歸結為對市場把握正確、決策合理、風險控制得當等；如果業績下滑，公司一般會將原因歸結為本期出現了不可預知的總體經濟或國際市場的新情況，突然發生了不可抗力事件等。這就是自我歸因偏差。

在個人投資上，自我歸因偏差導致人們找不到獲利和虧損的真正原因。實際上，將獲利歸因於自身能力，很可能是因為大盤普遍上漲，也可能只是短期的運氣而已。而將虧損歸因於外界環境，例如政府為何還不來救市、基金經理水準差等，其實也並不是你虧損的真正原因，真正的原因可能在於蒐集資訊的偏差、理解資訊的片面和做買入賣出決策時的衝動。

總之，自我歸因偏差使人不知道自己為何會獲利或虧損，人們在下次投資時並不會變得更聰明，而是會重蹈覆轍。

後見之明

資訊回饋階段的第二種偏差是後見之明。

「先見之明」是眾所周知的成語，指提前預測結果的能力。而這裡的「後見之明」指的是，當結果出現後，人們誤以為自己早就知道結果的一種幻覺。

比如，你身邊可能有位炒股票的朋友，有一天，他在微信朋友圈分享對某次行情的猜測，還附上曾經猜測的時間。他確實提前猜對了，這難道不是先見之明嗎？不是。其實他猜了很多次，只有這一次是準的，而他只把這次結果拿出來了而已，他甚至自己也忘記了那些曾經猜錯的經歷，只記住了這次猜對的經歷。

所以，人們經常在某些不確定事件的結果出現後，產生「我早就知道是這個結果」的錯覺，這種後見之明使人們對自己的判斷力感到自豪。在投資中，後見之明使人們在估計風險時過度樂觀，從而容易導致投資失敗。

認知失調

資訊回饋階段的第三種偏差是認知失調。

認知失調指的是，當事情的結果與預想不一致時，人們會感到一種不協調的痛苦，為了避免這種痛苦，可能會對事實選擇視而不見或故意扭曲。

比如，某人用多年的積蓄買了房子，他就不允許別人提房價下降的資訊，因為降價會讓他感到認知失調、非常痛苦，所以他寧願選擇不聽、不看。剛剛買了車的人會選擇性地避免閱讀其他車型的廣告，而僅僅關注自己這款車的廣告，這也是一種人為扭曲資訊的認知失調行為。

投資時也是一樣，很多人在買入之後就不去看壞消息，賣出之後就不去看好消息，因為這些不利資訊都會讓自己痛苦。而且投資人常常有個共同點——只關注自己所投資的那類資產的資訊，但這並不意味著其他資訊不存在，只是投資人在人為規避而已。認知失調會使人蒐集不到全面的回饋。

確認偏誤

資訊回饋階段的第四種偏差是確認偏誤。

確認偏誤指的是人一旦形成某種觀念，會從肯定自己的一面尋找證據，而不傾向於從否定自己的一面尋找證據。我們常說「歷史是一個任人打扮的小姑娘」，就是這個意思。

在金融市場上，如果你買了一檔股票，那麼你滿眼看到的、滿耳聽到的都會是支持買入的好消息；如果你賣出一檔股票，那麼你看到的、聽到的就都是支持賣出的消息。實際上，正面和反面資訊都存在，只是你在有目的地選擇對自己有利的資訊。通常人們總是能找到自己想要的資訊，但這並不代表自己的決策是對的。

迷信制約

資訊回饋階段的第五種認知偏差是「迷信制約」。

它最初是美國心理學家伯爾赫斯·史金納（Burrhus F. Skinner）在一九四八年用鴿子做的一個實驗中發現的。史金納將食物分發器設置為每隔十五秒就落下少量食物，也就是說不管鴿子做什麼，牠們每隔十五秒都會得到食物。儘管餵食不受鴿子行為的影響，但鴿子們深信一定是它們的某種行為引發了主人的餵食。其中一隻鴿子在餵食時轉了兩三圈，它產生了一種「迷信制約」，認為一定是自己的轉圈行為引發了餵食，於是它就頻繁地轉圈；另一隻鴿子在餵食時把頭伸向了箱子上方的一個角落，它也產生了一種「迷信制約」，認為一定是自己的伸頭行為引發了餵食，於是它就頻繁地伸頭。

迷信制約是將相關性誤以為是因果關係而導致的；鴿子轉圈和伸頭的行為與餵食有相關性，但並不是因果關係。

人也常常會出現迷信制約，比如古人常常「卜以決疑」，在重大決策前進行占卜，如果占卜的結果是好的，以後人們還會重複這種做法。再比如，丹麥有個天文學家叫第谷・布拉赫（Tycho Brahe），據說他每次吃飯時都要在餐桌下安排一個侏儒，認為這個侏儒能夠傳遞精神力量。還有著名的物理學家尼古拉・特斯拉（Nikola Tesla），他迷戀數字三，就連入住的酒店房間號都必須能被三整除。

在金融市場上，由於不可控情形太多，這種認知偏差就更常見了。比如公司的某些投資或管理決策剛好是在業績提升前做的，公司管理者就會不斷重複這些決策，即使這些決策與業績根本無關。

在投資中，我們也可能會把事物的相關性誤以為是因果關係，重複著自認為正確的投資模式。但實際上，它們只是相關而已，即使成功了也不過是機率在發揮作用。例如，大多數篤信股票投資技術分析的人，會根據技術指標進行投資，獲利後會認為某些技術指標對引導投資非常有用，這很有可能是一種迷信制約。

在資訊回饋階段，因為存在上述認知偏差，人們並不能像傳統金融學預期的那樣，可以透過不斷回饋學習來糾正自身的錯誤。大多數情況下，人們都會重蹈覆轍，踩過的坑下次還會再踩。

▼重點整理

1 資訊回饋階段常見的認知偏差包括：自我歸因、後見之明、認知失調、確認偏誤和迷信制約等。這些認知偏差會使人重蹈覆轍而不是越來越理性。

2 自我歸因使人不知道自己為何會獲利或虧損，人們在下次投資時並不會變得更聰明，而是會重蹈覆轍。

3 後見之明使人對自己的判斷力感到自豪。在投資中，後見之明使人們在估計風險時過度樂觀，從而容易導致投資失敗。

4 認知失調會使人蒐集不到全面的回饋。

5 正面和反面資訊都存在，確認偏誤只是你在有目的地選擇對自己有利的資訊，但這並不代表自己的決策是對的。

6 在投資中，迷信制約使我們可能會把事物的相關性誤以為是因果關係，重複著自認為正確的投資模式。但實際上只是相關而已，即使成功了也不過是機率在發揮作用。

Chapter

3

決策非理性

認知和決策是兩個不同的步驟，認知是對單一標的的了解過程，決策是對兩個或多個標的的比較選擇過程。即使準確認識了投資標的，決策也有可能出錯。

決策參考點是行為金融學中第一個獲得諾貝爾獎的理論——展望理論中最重要的部分，它在決策中扮演了非常重要的角色。

參考點依賴：

獲利和虧損要看參考點嗎？

參考點依賴是指人在決策時喜歡尋找一個參考點，並將需要決策的事項與這個參考點進行比較；參考點像「錨」一樣，影響人們決策，因此其產生的影響又稱「錨定效應」。而理性人進行決策時是沒有參考點的。

先舉個例子，請你體會參考點的影響。

A打算為自己買一床棉被，他看中的一款被子正在打折，商場裡的正常售價是：超大尺碼豪華雙人被每床一千元、豪華雙人被每床六百元、普通雙人被每床四百元，但在打折期間所有尺碼的被子每床都只賣三百元，限時一週。

A買了一床超大尺碼豪華雙人被，雖然很划算，但和他的床並不匹配。回憶一下，你是不是做過很多和A一樣的決策？我們該怎麼理解這種決策方式呢？

實際上，決策是人們用了幾百年討論和研究的一個話題。

從聖彼德堡悖論到期望效用理論

十七世紀時，一些數學家就開始思考人在面對選擇時是怎麼決策的。當時公認的想法是，如果同時有幾個選項可選，能獲得最大財富的那個選項就是最好的。但是，這種觀點受到了「聖彼德堡悖論」的挑戰。

什麼是聖彼德堡悖論？

假設有人邀請你玩一個賭博遊戲，遊戲中你要不斷投擲硬幣，直到硬幣正面朝上為止。如果第一次就成功了，獎金是兩美元；如果第二次才成功，獎金是四美元；以此類推，如果第n次成功，獎金是二的n次方美元。你願意花多少錢來參與這個遊戲？

一七三八年，數學家尼古拉·伯努利（Nicolaus Bernoulli）回答了這個問題。他認為，隨著財富的增加，人們對金錢的預期效用是遞減的，會逐漸產生風險厭惡，也就是說，雖然財富的誘惑力很大，但是風險會讓人們停下腳步。這就是聖彼德堡悖論，也是「期望效用」第一次被提出。

直到一九四四年，數學家馮紐曼（John von Neumann）和經濟學家奧斯卡·摩根斯特恩（Oskar Morgenstern）正式提出期望效用理論，解開了這一謎團。馮紐曼是二十世紀最重要的數學家之一，被人們稱作「電腦之父」和「賽局理論之父」，他提出的期望效用理論認為，人們關心的不是財富的絕對值，而是財富所帶來的效用。效用這一概念代替了之前的財富絕對值，這是決策理論的重大突破；期望效用理論成為經濟學最基礎的理論之一。

從期望效用理論到阿萊悖論

但期望效用理論又受到了另一個著名悖論——「阿萊悖論」的挑戰。什麼是阿萊悖論?首先來看兩組選擇題。

A和B兩個選項:如果選擇A,有80%的可能得到四千元,但有20%的可能得不到錢;如果選擇B,能100%拿到三千元。面對這個選擇,80%的人會選B。

C和D兩個選項:如果選擇C,有20%的可能得到四千元,有80%的可能得不到錢;如果選擇D,有25%的可能得到三千元,有75%的可能得不到錢。這時,65%的人會選C。

仔細觀察會發現,如果按照預期效用一致的標準來看,人的偏好應該是一致的——選B的人,應該同時選D,但實驗結果卻並非如此。阿萊悖論的提出促使大家思考,期望效用理論可能並不符合人的實際決策。

從阿萊悖論到展望理論

那麼，人的實際決策是怎樣的呢？在所有研究實際決策的理論中，最有名的是行為金融學家康納曼和特沃斯基提出的「展望理論」，他們因此獲得了二〇〇二年的諾貝爾經濟學獎。

展望理論最著名的觀點是，人的決策依賴於參考點。舉個例子，假設你的辦公室是恆溫的，你對溫度沒什麼感覺；但秋天當你走出辦公室的時候，一陣風吹過，你會覺得有點冷，此時，辦公室的溫度就是參考點。在外面待一段時間之後，你對溫度又沒什麼感覺了，此時，戶外的溫度就成了參考點。

人本身就是透過變化體驗生活的。

網路上有一門很紅的課程叫「哈佛大學幸福課」，這門課的熱門顯示出「什麼是幸福」是大家都很關心，卻又很困惑的一個問題。其實，幸福就是效用，幸福是效用的生活化表達。那麼，幸福究竟是什麼，怎樣才能讓自己感到幸福呢？

期望效用理論認為，效用是財富的增函數，也就是說，財富越多，效用越高。雖然隨著財富的增加，效用增加會越來越慢（即邊際效用遞減），但無論如何，財富水準高時的效用肯定比財富水準低時的要高。但情況真是這樣嗎？

假設公司這個月給B發了一萬元獎金，他高興不高興？傳統期望效用理論認為，B當然知道自己是否高興，因為這一萬元的絕對值帶給人的效用是確定的。但在實際場景中，B會先看看其他同事拿了多少獎金：如果同事拿了五千元，B就高興；但如果同事拿了三萬元，B就不高興。此時，同事的獎金水準就是參考點。展望理論認為，效用並不取決於財富絕對值帶來的感受，而取決於跟誰比，也就是參考點的位置，參考點不同，效用就不同。

哪些因素會影響參考點？

既然參考點如此重要，那哪些因素會影響參考點的位置呢？康納曼和特沃斯基透過研究發現，參考點與以下幾個因素有關。

首先，參考點與歷史水準有關。在金融領域，投資中的歷史水準裡最重要的參考點就是成本價，投資人總是會將現在的價格與成本價比，我們稱之為「往回看」，這是與歷史在比。而理性人則是「往前看」，看未來。

「我已經賺了20%，可以出手了。」「等我解套了就走。」這些常見的投資決策其實都是在「往回看」。人們在決策時一直都在與成本價相比，這個參考點成了影響決策的重要因素。

除了成本價之外，歷史水準的參考點還有最高價、最低價等。比如，「現在價格降一點了，我再買一點，不就攤薄成本了嗎？」攤薄成本就是人們將參考點定在近期的高點或低點而做出的決策。

其次，參考點還與期望水準有關，期望水準指的是人們的心理預期水準。比如，某人買房子的成本價是一百萬元，但他的預期水準可能是五百萬元，那麼他的出售價格的參考點就是五百萬元，而不再是成本價一百萬元。

再來，參考點與身邊人的決策有關。將決策的參考點定為同行或朋友的決策，被稱為決策的從眾效應。我透過研究發現，在公司金融領域，公司的資本結構（負債率）會參考同業，公司是否違規也會受同地區公司的影響。國外的研究發現，公司的分紅水平會受同行業公司的影響。投資決策同樣有很強的從眾效應，很多人在投資時不去看投資對象如何，而是看朋友或專家買了什麼、賣了什麼，然後跟隨他們做出決策。

最後，參考點是可以被控制的，康納曼和特沃斯基指出，「可以透過改變參考點的方法來操縱人們的決策」。比如，商場在促銷時，一件三千元的衣服，直接以原價出售就不如「先標價三萬元，然後以一折出售」賣得好；原價是顧客決策的參考點，一折使人感覺便宜，很多人買東西不是看絕對價格或者自己是否需要，而是看是否便宜。「便宜」需要參考點，而這個參考點往往被賣家利用，如今各大網站人為製造了很多促銷日，許多平台商家都會參與，透過控制參考點讓顧客產生「便宜」的錯覺，從而有效達到促銷的目的，這就是各種「人造節日」存在的行為學基礎。

回到本章開頭的案例，再來看A買被子的決策，我們就能理解：A之所以買了自己不需要的東西，是因為他的參考點是原價。他如果知道這個道理，就不會帶著一床超大的被子回家，最後卻用不上。

公司的人力資源決策也是一樣，在工資總額不變的情況下，固定工資的效用就不如工資穩步上漲給員工帶來的效用高，因為工資的絕對水準不是幸福的決定性因素，跟誰比才重要。

▼重點整理

1 認知和決策是兩個不同的步驟，認知是對單一標的的了解過程，決策是對兩個或多個標的的比較選擇過程。

2 參考點依賴是指人在決策時喜歡尋找一個參考點，並將需要決策的事項與這個參考點進行比較。

3 聖彼德堡悖論認為，隨著財富的增加，人們對金錢的預期效用是遞減的，會逐漸產生風險厭惡。

4 期望效用理論認為，人們關心的不是財富的絕對值，而是財富所帶來的效用。效用這一概念代替了之前的財富絕對值，這是決策理論的重大突破，成為經濟學最基礎的理論之一。

5 阿萊悖論認為，人的偏好不會是一致的，提出促使大家思考，期望效用理論可能並不符合人的實際決策。

6 展望理論認為，效用並不取決於財富絕對值帶來的感受，而取決於跟誰比，也就是參考點的位置，參考點不同，效用就不同。

獲利和虧損時的風險偏好：

牛市賺不到頂，熊市一虧到底

投資時，人們常常將買入價格定為參考點，有了這個參考點，就可以定義獲利和虧損。行為金融學告訴我們，投資人在面對獲利和虧損時的風險偏好是不同的，下文為你介紹人對風險的不同偏好及其可能導致的投資錯誤。

首先來看一個現象，股市有牛市也有熊市。在牛市的時候，資產價格普遍上漲，股民通常處於獲利狀態，但是很多股民在牛市裡都賺不到頂，兩三個漲停板後就落袋為安了。而在熊市的時候，資產價格普遍下跌，股民很有可能處於虧損狀態，此時很多股民會一虧到底，遲遲不願意割肉，手中虧損的股票一直伴隨漫漫熊市，等待回本的那一天；等到價格回到買入價，很多人趕緊解套拋出，結果價格又一飛沖天，令人後悔莫及。

股市中之所以會出現上述現象，是因為人們在獲利的時候會產生風險厭惡，於是不願意冒險，選擇「落袋為安」；在虧損的時候，人們不喜歡接受確定性的損失，總想賭一把，於是一直在等待。

這並不是個別現象，行為金融學理論就是這樣預期的。下面我們透過一個例子，認識人在面對獲利和虧損時的不同心理。

讓一個賭博的人放棄賭博為何這麼難？

首先，我們來看一組測試，請在A1和A2中選擇其一。

A1：你有50%的可能得到一千元，50%的可能得到零元。

A2：你有100%的可能得到五百元。

接下來，請在B1和B2中選擇其一。

B1：你有50%的可能損失一千元，50%的可能損失零元。

B2：你有100%的可能損失五百元。

大部分人會在A1和A2中選擇A2，在B1和B2中選擇B1。因為在A1和A2中，A2的收益比較確定，人們喜歡確定的東西，不喜歡冒險，這用金融學術語表示就是厭惡風險；理性人都會厭惡風險，這沒有什麼奇怪的。

但是，人們這種厭惡風險的偏好只在面對獲利時有所顯現，面對虧損時，大部分人沒有選擇確定性虧損的B2，而是選擇賭一把。所以，人在損失區域是喜歡冒險的。

這時，我們就能理解賭徒的心理了。勸一個賭徒放棄賭博真的很難，因為勸他放棄就是讓他接受確定性的損失，賭徒會說：「你再給我一次機會，我有可能回本。」其實不只是賭徒，我們自己在損失的時候也會想冒險。

傳統金融學認為人都是討厭風險的；而行為金融學認為，人討厭風險這個特徵只在面對獲利時顯現，在面對損失時，人會表現為喜歡風險，更傾向於賭一把，看有沒有機會絕處逢生。

這種心理會導致本章開頭提到的現象，股民在牛市和熊市時期的行為決策不同：牛市的時候總要落袋為安，賺不到什麼錢；熊市的時候又總想著不能賠本，遲遲不願意割肉，最後賠上一筆。

損失厭惡

在面對獲利和虧損時，投資人除了風險偏好會反轉之外，他們對待兩者的心態也是不對稱的。

人們在決策時，內心對利害的權衡不均，賦予「避害」因素的權重遠大於「趨利」的權重，這被稱為損失厭惡或損失規避。

舉個例子，假設在一個賭局中有一半的機率可以賺到一百元，有一半的機率會虧損一百元，這個賭局被稱為「公平賭局」，但多數人都不願意參加，覺得沒什麼意思；但如果把規則改為「有一半的機率可以賺到兩百元，有一半的機率會虧損一百元」，很多人就願意參加了。為什麼？因為在這種情況下，損失的厭惡係數為二，也就是說，如果情緒有強度值，損失帶來的痛苦值大約是同等獲利帶來的快樂感受值的兩倍。

這在金融市場上會有什麼表現呢？你買了一檔股票，如果這支股票漲停（上漲 10%）了，你會很高興；但如果它跌停（下跌10%）了，你感受到的痛苦值可能要兩倍於從獲利中感受到的喜悅值。

一方面，損失厭惡的心理會使投資人儘量避免做出讓自己損失的決定，例如：投資人會委託他人投資、投資基金，或交給自己信任的人，這樣一來，出現損失時就可以將責任推給他人，減輕自己決策失敗並要為此負責的內疚心理；投資人也有可能會結伴投資，這樣當大家一起虧損時，每個人的心裡就不會那麼難受。

當然，這並不代表投資基金或與他人決策一致是錯的，而是如果投資人將此作為決策的考量因素，就會陷入非理性。理性的投資行為只看投資對象，不會參考其他人的決策或將錯誤歸於他人。

另一方面，損失厭惡的心理會使投資人在發生損失時難以止損，止損就是讓浮動虧損實現，這使投資人非常痛苦。很多人在虧損時會選擇視而不見，最後變得麻木，所以投資人也將止損稱為「割肉」，形容止損像割肉一樣疼。但事實上，止損不果斷反而會使損失加重。

機構投資人比個人投資人理性得多，他們止損更果斷，但機構投資人也是人，也會有損失厭惡。為了克服人性中自己下不了手「割肉」的弱點，機構一般都會設立風控部門，在必須止損時由監察稽核部接管並下達交易指令，畢竟割別人的肉比割自己的肉更容易操作。

可見，在熊市的時候，大部分股民的處境都十分危險——損失厭惡使人不想把虧損變成既定事實，而風險偏好又使人想賭一把。

這樣一來，人們就會在熊市裡越虧越狠，最後賠得一場糊塗。

賭場獲利效應與牛市中的損失厭惡減輕

前文提過，人在牛市中會有風險厭惡，願意落袋為安，但有一種情況例外，這種情況被稱為「賭資效應」（House Money Effect），也叫「賭場獲利效應」。

賭資效應指的是，當錢來得很容易時，人們會輕視風險。賭場為了吸引客人，有時會給新來的客人發些籌碼，這時客人有很高機率不會把籌碼換成真錢離開，而是會拿著這些錢去賭，直到把所有的「賭場錢」揮霍完，這被稱為賭資效應。如果這些錢是客人自己的血汗錢，他們則有很高機率不會冒這麼大的風險。對於那些得之容易的錢，人的損失厭惡會大大減輕。

損失厭惡使投資人在熊市跌得再低時也不敢進場，所以熊市往往會超跌。而在牛市中，不少投資人賺了很多「賭資」，這時他們不太會輕易離場，而是樂觀地高呼：「XX點指日可待！」市場泡沫就是這樣形成的。

牛市和熊市的風險決策

了解了人們在獲利和虧損時的不同風險偏好，以及損失厭惡心理在熊市和牛市中的不同表現，我們該怎麼做呢？

是在熊市中儘快賣出以避免損失，在牛市中持續抱股，讓獲利再多一點嗎？不是。你的關注點不應該在獲利和損失上，而是要克服參考點的影響。

忘記曾經的買入價位，也就不存在獲利和損失的概念。如果你總是關注獲利和損失，就是在「往回看」，總和過去做比較。正確的投資應該是「往前看」，看未來，根據預期做出決策：預期價格上漲，則買入或持有；預期價格下跌，則立即止損。這個方法不僅可以運用於金融投資，對人生重大決策也有幫助。

▼重點整理

1 行為金融學認為，人討厭風險這個特徵只在面對獲利時顯現，在面對損失時，人會表現為喜歡風險，更傾向於賭一把，看有沒有機會絕處逢生。

2 損失厭惡使投資人在熊市跌得再低時也不敢進場，所以熊市往往會超跌。而在牛市中，不少投資人賺了很多「賭資」，這時他們不太會輕易離場，而是樂觀地高呼：「XX點指日可待！」市場泡沫就是這樣形成的。

3 正確的投資應該是「往前看」，看未來，根據預期做出決策：預期價格上漲，則買入或持有；預期價格下跌，則立即止損。

錯判機率導致的決策偏差：

為何投資人總把小機率事件擴大化？

無論是參考點依賴，還是獲利和損失的風險偏好逆轉，都是行為金融學中最受關注的決策非理性。此外，還有一種常被忽視卻又常見的決策非理性：錯判機率導致的決策偏差。

很多人身邊都有特別怕坐飛機的朋友，從發生事故的機率來看，飛機是最安全的交通工具之一，那為什麼會有人害怕呢？很多人特別愛買彩券，彩券的中獎率非常低，這種投資並不划算，那為什麼還有這麼多人買呢？很多做股票投資的人熱衷於新股票申購（後文有具體介紹），新股票申購中簽的機率也非常低，那這些決策為什麼會發生呢？實際上，這些都是錯判機率導致的決策偏差，也就是說，人在決策時，內心給予一件事情的權重並不等於它的實際機率，這和理性人的做法完全不同。

舉個例子，如果有一個投資項目，50％的機率可能賺二十萬元，50％的機率可能虧十萬元，那這個項目能不能投資？做這個決策要考慮兩個關鍵因素：絕對損益（二十萬元和負十萬元）和機率。

對理性人而言，每種情況發生的機率是多少，決策時應賦予的權重就是多少。理性人會在決策時對每種情況所獲得的收益進行加權平均，在上面的例子中就是：20×50％＋（−10×50％），算出來的結果是正數，可以投資。

但是，行為金融學的決策理論對權重問題有個論斷：從機率權重到決策權重的轉化是非線性的，也就是說人在決策時是非理性的，人們內心給予某件事的權重並不等於它的實際機率。

具體而言，機率的非線性轉化主要有四種情況，下面一一介紹。

圖 3-1　機率非線性轉化的四種情況

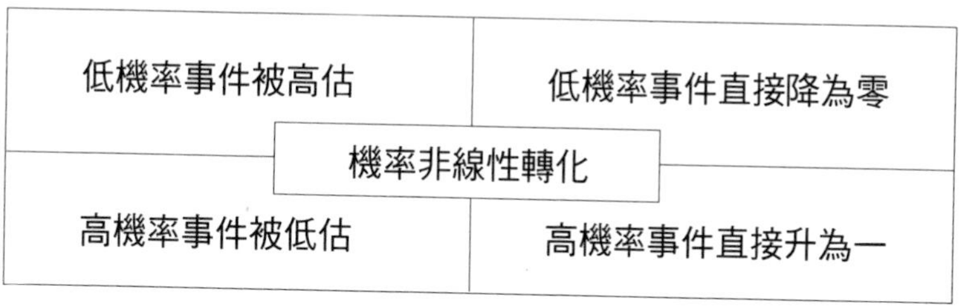

低機率事件被高估：高偏態事件的過度反應

第一種情況是低機率事件被高估。回到前文中坐飛機的例子，坐飛機發生事故的機率很低，但出事故的後果很嚴重；能不能坐飛機，取決於後果和出事機率的積數。如果在一個人的心目中，「出事的後果很嚴重」這個絕對損失已經很大了，決策時再進一步放大出事機率，那就不能坐飛機了，這就是很多人怕坐飛機的原因；這些人對小機率事件特別敏感，對這類事件賦予的決策權重與其真實機率的偏差大。買彩票也是一樣的道理。

在金融市場上，投資人高估低機率事件的錯誤也非常普遍，這類事件有一個共同特徵：具有很高的絕對收益，但發生的機率很低。投資人往往會被其絕對損益吸引，在心目中放大它發生的機率。

新股票申購就是一個典型的例子，所謂新股票申購，就是投資人按新股的發行價格買入，等到新股溢價上市交易後賣出。新股票申購的報酬率比較高，而且基本上無風險，所以很多人願意做。但因為想做的人太多，所以得抽籤決定中籤者，而中籤率卻很低，很多新股的中籤率甚至不到0.1％。投資人的問題在於只看中收益，忽略了低機率。

這種收益很高但發生機率很低的特徵，叫作「偏態」高。市場上有很多高偏態的投資類型，比如處於熱門話題中的股票，其高收益受到了大量投資人的追捧，但其中很多股票並沒有基本面的支撐，也就是獲利的機率很低，因此收益維持的時間非常有限。換言之，只有極少數入市早的人才能獲利，之後進場的人都是為前人「抬轎」，很高機率會虧損。

不少人都了解金融投資中收益、風險的概念，但很少有人了解偏態這一概念。在投資中，我們不但要考慮收益和風險，還要考慮偏態，偏態發揮的正是機率權重的作用。

低機率事件被低估：對小機率事件的漠視

第二種情況是低機率事件被低估，做決策時直接被忽視，權重被當作零。比如孩子出門的時候，家長會關照一句「出門當心點」，而孩子可能會覺得囉唆，回一句「知道了，沒事啦」；家長覺得出門有一定風險，所以提醒孩子當心，而孩子卻將出門遇到危險這種低機率事件的權重直接降為零。

以上兩種情況都和低機率事件相關，在做決策的時候，一個被高估，一個乾脆被忽視。在投資市場中應該怎麼區分這兩種情況呢？給你一個簡單的方法：對於第一種情況，被高估機率的投資標的往往偏態高，其特徵是收益非常高，投資人會被極端收益所吸引，而忽視它發生的機率其實很低；坐飛機、高收益投資等都屬於這種情況。第二種情況強調的是對低機率事件的漠視，例如投資專家或自認為是專家的人，不太願意相信與先前觀念相違背的微量資訊，從而選擇漠視。在金融市場上，個人投資人更容易產生前一種高估低機率事件的情形。

高機率事件被低估：失去了才最美

第三種情況是高機率事件被低估。在電視劇《人民的名義》中，高育良書記喜歡一個叫小鳳的女孩，甚至不惜為她離開家庭。說起喜歡小鳳的原因，高育良表示：小鳳這個女孩真了不起，還懂一些明史呢！但他卻忘記了，他的太太吳老師才是明史大家。吳老師愛高育良是大機率事件，而在高育良心中，大機率事件的決策權重降低，他感受不到。只見過幾面的小鳳愛上他是小機率事件，但其決策權重變大，最後導致他決策錯誤。

很多人都有「失去了才最美」的感覺，比如父母的關心，這就是低估高機率事件造成的。

在投資決策中，低估高機率事件的典型表現是不重視資產配置。所謂資產配置，是指投資人的資金如何在資產類型中配置，多少比例存銀行、多少比例買股票、多少比例買債券等，這個比例至關重要。蓋瑞·布林森（Gary Brinson）曾在一九九一年一篇著名的合作研究中指出：資產配置，即資金如何在股票、債券、銀行存款等資產類型中配置，對總收益的影響超過90%。但是大多數人卻忽略了這個高機率因素，而將大量時間放在如何挑選個股上，這是導致收益不高的重要原因。本書第四章第二部分會具體介紹資產配置問題。

所以，做金融投資最重要的其實是抓住高機率事件，充分發揮它的價值，可惜大多數人都搞反了。

高機率事件被高估：連續決策偏差

最後一種情況是在做決策的時候，高機率事件的權重直接被當作一，這種情況常常發生在連續機率的決策中。例如，某主管要決定是否投資一個項目，這個項目由七個環節構成，每個環節都有90%的把握能拿下，主管可能覺得這個項目十拿九穩可以投了。可是實際上，當七個90%連續相乘以後，機率已經不到50%，即這個項目失敗的可能性很大；這位主管錯在高估了高機率事件的機率，把其機率直接升為一，七個一連乘還等於一，所以他做出了錯誤的決策。

後面兩種情況都和高機率事件相關，那如何區分這兩種情況呢？把機率直接升為一往往發生在連續決策事件中，例如金融市場的分析師，他們的推薦決策往往包括連續的幾步——調查、分析、判斷、決策，如果每一步都收到大機率肯定的訊號，他們會傾向於做出確定性的推斷，而忽略決策鏈的長度；單次決策的情形則容易低估高機率，即「失去了才最美」效應。

以上就是行為金融學最著名的「展望理論」的全部內容。

▼重點整理

1 人在決策時是非理性的，人們內心給予某件事的權重並不等於它的實際機率。機率的非線性轉化主要有四種情況：低機率事件被高估、低機率事件直接降為零、高機率事件被低估、高機率事件直接升為一。

2 在投資中，我們不但要考慮收益和風險，還要考慮偏態，偏態發揮的正是機率權重的作用。

3 資產配置，即資金如何在股票、債券、銀行存款等資產類型中配置，對總收益的影響超過90%。

框架效應：

為何不能天天查看自選股？

「框架效應」是由展望理論的提出者康納曼和特沃斯基提出的，在行為金融學中有非常廣泛的應用。

先來看個有意思的故事，信用卡在美國剛開始普及的時候，發卡機構和零售商打起了官司，他們爭論的焦點是：對於使用信用卡的消費者，商家是不是應該收取更高的價格或附加費？因為商家要向發卡機構交一筆交易處理費，所以自然希望這筆錢由消費者出；但發卡機構不同意，如果購買商品要多花錢，誰還會用信用卡呢？發卡機構要求商家為兩種消費者（使用信用卡和不使用信用卡的消費者）提供一致的價格。

這該怎麼辦？後來發卡機構換了個思路，他們不再關注內容，轉而關注形式。如果商家一定要制定兩種價格，那麼「正常價格」就是向信用卡用戶收取的價錢，而使用現金的用戶可以享受打折優惠。照此執行後，商家和消費者都很滿意，雖然差價依然存在，但價格至少在表面上是一致的。這就是框架效應的表現。

什麼是框架效應？

我們可以把「框架」想像成相機的取景框，因為取景框的鏡頭只能呈現有限的角度，所以我們最終看到的只是它框定的一部分景色，這就是框架效應。同理，狹隘框架就是形容人在決策時沒能綜觀全局。

按照傳統金融學理論，理性人的認知不存在取景框，他們的視野是綜觀全局的。但現實中的人做決策都會受框架影響。

在金融市場上，框架效應會如何影響人的決策呢？

為了更好地觀察金融市場，你先試著在腦子裡畫一幅圖——一個立體的金融市場，存在兩個維度：一個是橫切面維度，指的是在一個時點上，觀察市場上的很多投資類型；另一個是時間序列維度，指的是固定一個投資物件，看它在不同時點上的表現。下面，我們就從這兩個維度來看狹隘框架的影響。

橫切面上的理性投資——投資組合理論

你一定聽說過「不要把所有雞蛋都放在同一個籃子裡」的說法，把這個道理用在投資上，就是「別把所有錢都投資於同一個標的」，應該分散投資，這就是理性投資決策最重要的理論：投資組合理論。

投資應該怎樣組合效果才最好呢？以股票投資為例，即便你找到了一支世界上最好的股票，也不能把所有的錢都投在這檔股票上，因為這檔股票如果股價上漲，你會賺錢，但如果價格下跌你就會虧錢，單一投資風險太大。為了降低風險，你決定再買一檔股票，這時你應該買一支價格波動方向與之前那支相反的股票，才能分散風險。將波動方向相反的兩檔股票組合在一起，比起將第一好的股票與第二好的股票結合在一起風險要小。

投資組合理論講的就是這個道理：兩檔股票組合不如三檔股票組合分散風險的效果好，三檔股票組合不如四檔股票組合分散風險的效果好——依此類推。

所以，當組合中股票數目相當多時，單一個股的波動已經不重要了，因為會被其他波動相反的股票完全抵消，決定整體風險的不再是單檔股票的波動，而是已購股票之間的相關性。

因此理性人不會關心單一資產的上下波動，道理很簡單，單一資產的波動會被其他資產平衡掉，對風險沒有影響；理性投資人只關心資產之間的協同有沒有發生變化，而不會去查看單一投資的漲跌。

橫切面上的框架效應——看單一投資的漲跌

但是，在現實生活中，人們是這麼做的嗎？

不是，因為存在框架效應，人在投資時會無法綜觀全局，每個人都像瞎子摸象一樣，才摸到一小部分就開始做決策。比如大多數人都明白投資要組合，要分散風險，於是買了很多雞蛋，把它們放在籃子裡，但是很多人從不關注這個組合的漲跌，而是把注意力放在每個雞蛋上，逐一查看單一自選股是跌了還是漲了。

這種最常見的每日操作其實是錯的，正如前文所說，理性人應該選擇不同波動方向的資產來組合，這樣單一自選股的漲跌就會被其他股票的波動平衡掉，對風險沒有影響，但投資人卻總是錯誤地將個股的漲跌當作風險。

股票漲漲跌跌時，投資人又會關注單一個股漲跌相對於參考點的變化，例如成本價、近期高點、低點等等，這又會影響決策：跌了會產生風險喜好，長時間持有；漲了會產生風險厭惡，過早出售。

投資人逐一查看自選股的錯誤在於缺乏綜觀全局的觀念，被單一資產的狹隘框架侷限，沒有將資產當成組合來看，誤將單一資產的漲跌當作風險。

正確的做法應該是站在綜觀全局的角度，考察整個組合資產之間協同波動的方向及幅度並據此操作，而不是根據個股的漲跌來操作。

時間序列上的理性投資——不清點資產

我們再從另一個維度——時間序列維度來看投資。

資產不斷地漲漲跌跌，我們應該多長時間清點一次資產，以確定盈虧呢？理性的答案是：不要清點！

這一點可能挑戰了很多人的認知。很多人會疑惑：清點一下自己的資產不可以嗎？難道不應該去了解自己的盈虧嗎？理性人確實不會清點資產，理性人的投資只往前看，往未來的方向看，不會受過去的影響，不會有參考點依賴。

時間序列上的框架效應——頻繁清點資產

頻繁清點資產就是時間序列上的框架效應。投資人清點資產的主要問題在於，他們清點的目的是了解盈虧，而了解盈虧則是往回看，這樣投資決策容易受到參考點的影響而發生錯誤。

個人投資人通常會每日清點自己的資產，這實際上就是每天在用參考點來校準，大大增加了參考點效應對投資決策的影響。

雖然機構投資人的操作不如個人投資人頻繁，但他們也有清點資產的時限。對公司和基金來說，因為有披露季報的要求，所以至少一個季度會清點一次資產。而由於受到參考點的影響，清點資產也可能會引起不必要的操作。

實際上，清點資產的主要問題在於，投資人會不自覺地計算獲利和損失，從而導致投資決策「往回看」。

「往回看」有什麼問題？我們又該如何解決呢？

舉個例子，假設你以每股三十元的價格買了一檔股票，決定等價格漲到六十元的時候就賣出，現在股票價格已經是五十五元了，這時你該如何操作？繼續持有、賣出、賣一半，還是持有部分比例？

是不是覺得很難決策？之所以難以決策，是因為你在「往回看」，你始終無法忘記三十元這個成本參考點。現在請你忘記這個參考點，「往前看」，決策將變得容易很多。

不妨試著這樣想：現在有一檔股票，價格五十五元，目標價位是六十元，對於這樣一檔股票，你願意花多少錢配置多少部位？你可能會說，最多保留一成，那麼你賣掉九成就可以了，是不是很簡單？所以，清點資產不是問題，問題在於要擺脫參考點的影響，投資應該「向前看」。

回到本章開頭信用卡的故事，其實對於商家和消費者來說，打折與付額外的手續費並沒有區別，但人們就是更願意接受打折的形式。仔細想想，在很多事情的決策上，你的眼前是不是也有個框架呢？

▼重點整理

1 將波動方向相反的兩檔股票組合在一起，比起將第一好的股票與第二好的股票結合在一起風險要小。

2 投資人逐一查看自選股的錯誤在於缺乏綜觀全局的觀念，被單一資產的狹隘框架侷限，沒有將資產當成組合來看，誤將單一資產的漲跌當作風險。

3 理性人不會清點資產，理性人的投資只往前看，往未來的方向看，不會受過去的影響，不會有參考點依賴。

心理帳戶理論：

做股票虧了無所謂，吃飯錢丟了可不行

幾乎所有投資人都難逃「心理帳戶理論」的影響，提出這一理論的美國芝加哥大學教授理查．塞勒獲得了二〇一七年諾貝爾經濟學獎。塞勒常被稱為「臨床經濟學家」，意思是特別擅長投資實作的經濟學家。

接下來，我們就跟著他的理論，看看心理帳戶如何在投資決策和生活決策中發揮作用。

什麼是心理帳戶？

心理帳戶是相對於真實帳戶而言的。人在做決策時有一個真實帳戶，上面記錄著真實的盈虧；與此同時，人還會在心理上建立帳戶。心理帳戶與真實帳戶有一定關係，會隨著真實帳戶的變化而變化，但兩者又不完全對等。

那麼，人們在做決策時會依據真實帳戶還是心理帳戶呢？先舉個例子。

第一種情況，假設你花一千五百元買了一張音樂會門票，在去的路上發現票弄丟了。售票處仍在售票，你會再買一張嗎？

第二種情況，你去聽一場音樂會，打算去現場買票，票價是一千五百元，但在去的路上，你弄丟了一千五百塊錢。如果帶的錢仍然充足，你會繼續買票聽音樂會嗎？

從傳統金融學的角度看，這兩種情形其實一樣——人的真實帳戶裡少了一千五百元，但研究表明，多數人在丟了票以後會選擇回家，而在丟了錢以後會選擇買票。

這種行為差異可以用心理帳戶理論解釋，決策者有多個心理帳戶，每個帳戶都在單獨記帳。在人們的「音樂會心理帳戶」中，聽音樂會的享受價值相當於票價一千五百元。在第一種情況下，如果再買一張票，很多人會覺得聽音樂會的成本變成了三千元，超過了它的享受價值，所以就不願意買票了。而在第二種情況下，丟了一千五百元的損失是放在「現金心理帳戶」中的，並沒有和音樂會心理帳戶關聯，所以丟了錢也不會影響多數人買票聽音樂會的決策。可見人的決策行為會受心理帳戶的影響，而且對於投資來說很重要的一點是：人有很多個心理帳戶，它們彼此分割，人在決策時不會考慮心理帳戶之間的相互關係。

心理帳戶對投資決策的影響

那心理帳戶會對投資決策產生什麼影響呢？

很多人會選擇這樣的投資方式：把錢分成幾部分，先拿出一部分錢投資相對安全的資產，例如存入銀行；再拿一部分錢投資風險較高的資產，例如買股票；然後，把這兩個資產分別放在兩個心理帳戶中管理——一個用來避免貧窮、保證基本生活，另一個則被寄予暴發致富的期望。

但在傳統金融學假定的情景中，理性人不會這麼做。理性人沒有心理帳戶，所有資產都統一存放於真實帳戶中，他們對待投資組合的風險態度是唯一的，會根據自己的風險偏好配置最合適的投資組合，比如在某一風險偏好下，用一部分資金來配置安全資產，存入銀行；另一部分配置高風險資產，買了股票。但無論是存入銀行還是購買股票，組合的風險和收益都是透過加權平均統一計算的，是在一個風險偏好下算出來的最優組合。

但在實際投資時，人們會受到心理帳戶的影響。幾乎所有投資人都會先劃分心理帳戶，再為每個帳戶設定單獨的資金用途：用於吃飯的錢絕對不能用於冒險；孩子的教育基金要用來做長期投資，希望到期有收益保證；拿用來實現暴富願望的錢去炒股票，對漲跌就相對淡然。這很像一些人小時候，父母把不同用途的錢——買食物的錢、買生活用品的錢、交學費的錢——裝在不同的信封裡，花的時候只需考慮相對應信封裡的錢該怎麼安排。

人們之所以會這麼做，可能是因為心理帳戶是單獨核算的，這有助於儲蓄和約束消費，比如儲蓄某個特定用途的資金（教育、養老等）、用某個管道的收入做特定投資等。

那麼，心理帳戶會給投資人的決策帶來什麼問題呢？

首先，心理帳戶會導致人們缺乏長遠眼光，不能從綜觀全局的視角看問題，因厭惡損失而使投資過分保守。

其次，總體投資組合對投資人來說並不是最優的。此外，由於人們對每個心理帳戶的風險容忍度不同，比如對股票的風險容忍度高、對教育基金的風險容忍度低，這也會使投資人針對每個帳戶單獨決策，從而導致操作失誤，進一步偏離最優總組合。

心理帳戶對生活決策的影響

心理帳戶不僅存在於投資實作中，還廣泛存在於日常生活裡。我們舉兩個例子來說明心理帳戶對人們決策產生的影響。

1 先付費還是後付費？

在先付費與後付費兩種情況下，人們的心理帳戶不同，這會導致即使真實帳戶相同，人的感受也不一樣，因而最終的決策也不同。

舉個例子，有一次我的兩個朋友先後到國外旅遊，其中一位選擇了最貴的旅行團，回來之後讚不絕口，說想吃什麼隨便吃，想玩什麼隨便玩，想進什麼景點隨便進，真的太開心了，後來他給那個旅行團打了最高的評分。而另一位朋友報了一個便宜的旅行團，結果他玩得並不開心——吃什麼要付費、玩什麼也要付費……當然，他給的評分自然也不高。

實際上，這兩位朋友的消費總額算下來是一樣的，因此兩個人的真實帳戶相同，而他們之所以感受不同，就是因為心理帳戶不同。第一個人先付費，在遊玩的心理帳戶裡只有愉快，並沒有受到之前團費支出的影響；第二個人後付費，在每一次消費時，消費的快樂都會被付錢的痛苦抵消一部分。

2 工資和福利應該如何發放

很多公司把員工的工資和福利分開發放，也是利用了心理帳戶的特點。從真實帳戶來看，不管是工資還是福利，其實都是員工的個人報酬，但如果將所有報酬一起作為銀行存款進行發放，遠不如將其分割成一個個福利。不同類型的福利會讓人在不同的心理帳戶中不斷感到愉快，因此福利給人的印象更深刻。

如何做出更好的決策？

如何避免心理帳戶干擾我們的理性決策？給你一個建議：投資時不要對各個資產進行單獨決策，也不要太在意單一帳戶的漲跌，而應該放在一起全盤考慮。前文提及的框架效應實際上是導致心理帳戶的原因。在投資中避免框架效應的方法和思路，例如不要每天清點自選股，也適用於避免心理帳戶的影響。

在日常生活中，人們也常常會被心理帳戶支配，從而做出不理性行為。例如有的人雖然收入不菲，但丟一件東西就能使他的心情大受影響，不找到絕不罷休；一些人因為被騙了一筆錢而悶悶不樂，甚至還可能因此患上嚴重的疾病；還有一些人買東西時會對每件商品斤斤計較，否則就會感覺吃了很大的虧，嚴重影響心情，這些都是將一件東西歸於單獨的心理帳戶進行核算造成的。實際上，我們之所以認為很多東西非常重要，只是心理帳戶所造成的認知偏差，如果從所有財富和一生幸福的角度看，這些都是微不足道的。只要意識到這一點，我們就很容易跨過這個檻。

此外，我們還可以反過來利用心理帳戶做決策。比如當獲得投資收益時，可以及時將其變現為一個自己或家人心儀的商品，從而感受一件件商品帶來的快樂，這會讓你產生商品「免費」的錯覺，還會讓你對自身的投資能力感到自豪，提高你的幸福感。再比如，你如果是老闆，在給員工發福利的時候可以儘量把假期、禮物等分開，讓員工充分感知各個帳戶的效用，這樣做也可以提高員工的幸福感。

▼重點整理

1 人在做決策時有一個真實帳戶，上面記錄著真實的盈虧；與此同時，人還會在心理上建立帳戶。心理帳戶與真實帳戶有一定關係，會隨著真實帳戶的變化而變化，但兩者又不完全對等。

2 心理帳戶會導致人們缺乏長遠眼光，不能從綜觀全局的視角看問題，因厭惡損失而使投資過分保守。

3 之所以認為很多東西非常重要，只是心理帳戶所造成的認知偏差，如果從所有財富和一生幸福的角度看，這些都是微不足道。只要意識到這一點，就很容易跨過這個檻。

股票市場就像選美博弈：

我得看你怎麼選？

理解了展望理論、框架效應和心理帳戶理論後，你已經掌握了不少決策方法。那麼，在做投資時，你是研究股票，還是研究人？哪個方面更重要？接下來，我們就來看一個決策的本質問題——投資決策的立場，也就是你應該站在自己的還是他人的立場做決策。

選美博弈

經濟學家凱恩斯曾經提出選美博弈理論。

主辦單位在報紙上刊登一百張照片，請參賽者選出其中最美的六張，誰的選擇結果與全體參賽者的平均偏好相似，誰就可以獲獎。在這種情形下，每個參賽者都不選自己認為最美的六張，而是選別人認為最美的六張；大家都運用智力，推測一般人認為哪六張最美。

所以，人們在做選擇的時候，其實是在猜測別人的選擇。

選美博弈的升級版：猜數遊戲

假設有很多人參與遊戲，每個人只需要在零到一百之間任意猜一個數字。當你猜的數字與其他人猜的平均數的三分之二最接近時，你就贏了。打個比方，如果其他人猜的數字的平均數是五十，五十的三分之二是三十三，那麼猜三十三的人就贏了。

理查．塞勒曾經在《金融時報》上做過這個實驗，邀請華爾街的人參加遊戲，結果大家猜的平均數是十八點九一，所以最後猜十三的人獲勝。

這個結果比多數人想像的要小。實際上，獲勝者猜中的具體數字是什麼並不重要，這個遊戲有一個理性均衡解：零。為什麼會是零呢？因為遊戲的關鍵在於：你猜的數字要比其他人猜的更小一些，每個人都在猜測別人的選擇，希望自己猜的數字是「其他人猜的數字的平均數的三分之二」。這樣一來，人們猜的數字將收斂於零，從而達到均衡。因此，如果每個參與者都是理性的，那麼這個遊戲的均衡解為零——這就是理性人的答案。

但在現實中，猜零並不是一個好策略，因為參與者可能並不都是理性的，只要有一個人不夠理性，他沒有猜零，那你猜零就肯定輸了。所以，你猜多少取決於你認為別人會猜多少，取決於你認為別人有多理性。

在塞勒的實驗中，華爾街的人比一般人理性，他們在內心博弈的次數更多，因而回答的數字更接近理性均衡。

這個猜數遊戲相當於選美博弈的升級版。實際上，人們在金融市場上的決策也是基於對其他人的猜測的。

股票市場就像選美博弈

假設你要買股票，應該買自己覺得最好的那檔股票嗎？不對。

如果想獲利，你應該買別人覺得最好的那檔股票。

怎麼才能知道別人認為哪檔股票好？這就要學些心理學。第二章和第三章介紹了心理學基礎內容，那些人們在真實環境下的錯誤認知和錯誤決策，就是你揣測別人的工具。

可見，心理學對金融投資有至關重要的作用；金融投資選什麼資產，並不取決於你認為資產的價值如何，而取決於你認為其他人覺得這個資產的價值如何。

怎樣根據他人的心理「聰明」決策？

明白了上面的道理，你就能根據他人的心理聰明地做決策了，具體怎麼做？

舉個例子，如果有檔股票現在的價格是五十元，而你認為它的實際價值只有三十元，但市場上有關於這檔股票的利好消息，可能會促進其價格進一步非理性地上漲到八十元，這時你該如何決策？如果是傳統金融學中的理性人，他會賣空這檔股票，因為現在的市場價格已經超過了其本身的價值。

但在現實中，賣空這檔股票並不是個好策略。如同選美一樣，你的主要目的是獲利，你覺得誰美或不美並不重要。當覺得大多數人都認為它會上漲時，你就應該買入。

現實中的這種決策方式稱不上理性，因為理性人只根據資產的價值來決策；但這種決策也不是非理性的，因為這樣做確實可以獲利。我把使用這種決策方式的人稱為「聰明投資人」，既區別於理性人，也區別於非理性的人。我的團隊寫了一篇關於「聰明投資人」的文章，首次提出了這個概念；國外也有類似的發現，他們稱這種投資方式為「聰明錢效應」。

索羅斯就非常類似於「聰明投資人」，他的投資方式是，在價格已經超過價值時，只要預期大眾心理會進一步推高價格，就進一步追買。而巴菲特的投資方式更類似於理性投資人，他能在股價還沒達到價值位時，快人一步看到未來投資價值而先行佈局，但會在股價到達價值區間前退出，這也就是我們平常所說的價值投資。

中國的股票市場以個人投資人為主體，相對於以機構投資人為主體的先進市場更加不理性，價格超過價值的情況更是常見。本篇內容有助於幫你理解價格與價值的對應關係，知道在投資決策時，應該站在他人的立場而不是自己的立場考慮問題。在很多情況下，多花時間研究心理學甚至比研究投資標的更重要。

投資市場有不少看起來複雜的情況，如果你運用心理學知識，站在他人的視角去思考，就能很容易理解並做出正確判斷。

比如，國際貿易摩擦會對股票市場產生很大的影響，這時該怎麼決策？很多有經驗的投資人會把自己關起來，用豐富的理論知識冷靜思考，不受他人影響。但正確的做法應該是多去關注股票論壇和評論，這樣做不是因為其他人說得更對，而是因為他們的決策決定了股市的價格。

▼重點整理

1 如果想獲利，你應該買別人覺得最好的那檔股票。

2 怎麼才能知道別人認為哪檔股票好？這就要學些心理學。那些人們在真實環境下的錯誤認知和錯誤決策，就是你揣測別人的工具。

3 金融投資選什麼資產，並不取決於你認為資產的價值如何，而取決於你認為其他人覺得這個資產的價值如何。

Chapter

4

典型的交易錯誤

前面介紹了行為金融學的基礎，從第四章開始，進入行為金融學的應用。行為金融學與傳統金融學的研究領域幾乎完全相同，但在研究投資人行為這一部分不同，因為傳統金融學假定投資人是理性人，理性人不會犯錯，沒有必要專門研究投資人的行為，只需要假設一個代表性的理性投資人，其他投資人都與他相同即可；而行為金融學恰恰相反，認為投資人會犯錯，並認為這是投資失敗的重要原因，因此研究投資人典型的錯誤行為是非常必要的。

認識投資人常犯的典型交易錯誤特別重要。如果你來自專業機構，可以利用別人的錯誤制定交易策略；如果你是個人投資人，可以避免錯誤交易，減少損失，提高投資收益。

分散化不足：

買熟悉的股票不對嗎？

「買熟悉的股票」是一個十分常見的股票交易錯誤。很多人都聽說過分散投資的理念，在投資中也儘量避免集中投資。但你知道嗎？只投資熟悉的對象就背離了這一理念。

無處不在的本地偏差

有些人可能會疑惑：買股票難道不應該選熟悉的嗎？大家不都是這麼做的嗎？

的確，大家都在這樣做。比如，佛倫奇（French）和波特巴（Poterba）的一項經典研究發現，在國別投資中，世界各國的投資人都將絕大多數資產投資於本國市場，這一比例在美國為94％，在英國為82％，在日本為98％，這種現象被稱為「本國偏差」。

本國偏差是本地偏差的一種，本地偏差指的是投資人偏好與自己距離（地理位置、文化圈等）比較近的投資。比如，上海人可能更偏愛上海公司的股票，四川人可能更偏愛四川公司的股票。胡伯曼（Huberman）的一項研究證明，人們確實更偏愛本地股。

一九八四年，美國電話電報公司（AT&T）受到美國反壟斷局起訴，其市話業務被分割，依據地區成立了七個獨立的小貝爾公司並分開上市。之後，投資人只喜歡投資本地的小貝爾公司，不喜歡投資外地的，這種結果只能用投資人偏好本地資產來解釋。

本地偏差還包括哪些？比如，你會不會對住所旁邊的公司情有獨鍾？會不會對與所學專業有關的公司更加關注？如果你所在的單位是上市公司，你會不會買本公司的股票？對於以上問題，如果你的答案是肯定的，那就可能存在本地偏差。

但實際上，本地偏差是資產配置的錯誤方式。

本地偏差的錯誤——分散化不足

本地偏差錯在哪裡了呢？

簡單地說，本地偏差的問題在於分散化不足，這是相對於理性投資的充分分散化而言的。

分散化投資分散的是風險。風險本質上是什麼？先來看兩種情況：第一種，當你最缺錢的時候，你買的股票在虧錢；第二種，當你最有錢的時候，你買的股票在虧錢。哪種情況叫風險？

顯然，第一種情況叫風險。在第一種情況下，在你最缺錢的時候，你買的資產也虧錢，這無異於雪上加霜，是你無法忍受、希望極力避免的；在第二種情況下，你並不缺錢，資產虧一點不太要緊。所以，「雪上加霜」，也就是投資的變動方向與現有資產的變動方向一致，這種情況叫風險。

那應該怎樣正確地分散風險呢？建議不要配置與現有資產波動性一致（正相關）的資產，比如你在房地產企業工作，就不應該再配置房地產企業的股票，因為這樣做有可能導致「雪上加霜」的結果。你應該配置與現有資產波動不相關或反向波動的資產，比如不再配置房地產這種週期性的股票，而去配置防禦性的食品或醫藥股票，這樣一來，在你最缺錢的時候，反向波動可以幫到你，或者可以透過減輕波動來減少你的損失。

根據產業不同，股票可以分為防禦性和週期性兩種。防禦性股票對景氣循環不敏感，一般在景氣收縮時配置，其收縮程度比其他股票小；週期性股票對景氣循環敏感，一般在景氣擴張時配置，其擴張速度比其他股票快。

根據經典的資產定價理論CAPM（Capital Asset Pricing Model，資本資產定價模型），風險源只有一個——大盤，各種資產都與它有一定關係，關係越大，代表這種資產對大盤越敏感，風險也越大。配置與大盤同向波動的資產，會使「雪上加霜」的問題更加嚴重，要想降低風險就不應該這樣做。

那大盤這個風險源代表什麼呢？它代表的是整個總體經濟，本國總體經濟是影響大盤的主要因素。

接下來，我們對比一下本國股票與外國股票，看看究竟哪種股票的風險大。

一個投資人最大的資產是自己的人力資本，或者叫收入；一般人的主要收入是在本國取得的，所以投資人收入的漲跌大致與本國經濟波動一致。而本國的股票價值主要取決於公司的經營狀況，本國的公司經營與本國經濟環境密切相關，而與外國經濟的關係卻很小。所以，本國股票價格的漲跌會與投資人的收入，也就是投資人的最大資產正相關──你可以把它想像成「雪上加霜」。相比較而言，外國的股票價格與本國經濟之間的關係要弱得多，與投資人主要資產的相關性也弱很多。

因此，從資產配置的角度看，投資人應該配置一定比例的外國股票，以減輕其與自己最大資產的相關性，有效降低風險。只盯住本國資產是一種配置錯誤。

本地偏差的風險──買本公司的股票為何不對？

在所有本地偏差中，人們最容易踩的坑是買本公司的股票。

買本公司的股票有什麼風險？舉個例子，安隆公司（Enron）成立於一九三〇年，在兩千年《財富》世界五百強中排名第十六位，曾經是美國最大的天然氣採購商及銷售商，也是領先的能源批發造市者。一九九六到二〇〇一年，《財富》雜誌連續六年將安隆公司評為「美國最具創新精神公司」；兩千年，安隆公司還被該雜誌評為「全美一百最佳雇主」。

在這樣的背景下，安隆公司的員工「理所當然」地持有了大量本公司股票，他們認為這是最安全、回報最高的投資。然而，這個龐大帝國卻突然破產了，在破產的前一年，其股票價格是每股九十美元，破產後每股不到一美元；兩萬名員工投資於該公司股票的退休儲蓄金全部泡湯，損失高達數十億美元，這些人不僅失去了工作和收入，連退休收入也落空了，十分淒慘。

安隆公司的案例絕非個例，胡伯曼透過研究發現：在美國，公司雇員喜歡買本公司的股票，會將企業年金中30%的資產投入本公司的股票。

員工在一家公司拿的工資往往是個人的最大資產，如果將投資也配置在同一家公司，那麼這就是極度的集中投資，與分散投資的理念背道而馳，具有巨大的風險；風險不一定發生，但並不是不存在。

產生本地偏差的心理原因

那麼，為什麼會產生本地偏差呢？從心理學角度看，這是因為人具有模糊規避的心理。「模糊」指的是一種不確定性，與風險很相似；不同的是，風險的不確定性是機率已知的，而模糊是人們連不確定事件發生的機率都不清楚，這比風險更讓人難以接受。在真實世界裡，人們的認知能力是有限的，對很多事情——特別是風險——並不了解，於是就會感覺模糊。

人們非常討厭這種模糊性，因此會選擇它的反面，即相對熟悉的事物。做投資也是一樣，很多投資人認為自己對本國市場更熟悉、對在地理上靠近自己的事物更熟悉、對雇主的股票更熟悉……這些人錯誤地以為配置熟悉的資產比分散化投資的風險小。

但實際上，這不是一種理性的風險分散策略。按照馬可維茲的投資組合理論，做理性的風險分散要計算投資組合中各種資產之間的相關性，以達到風險與收益的最佳平衡。即使你不知道如何計算資產之間的相關性，理解本地偏差，至少可以幫你規避最大的風險來源。

▼**重點整理**

1 根據產業不同，股票可以分為防禦性和週期性兩種。防禦性股票對景氣循環不敏感，一般在景氣收縮時配置，其收縮程度比其他股票小；週期性股票對景氣循環敏感，一般在景氣擴張時配置，其擴張速度比其他股票快。

2 從資產配置的角度看，投資人應該配置一定比例的外國股票，以減輕其與自己最大資產的相關性，有效降低風險。

簡單分散化：

為什麼把雞蛋放在不同籃子裡還是賠了？

現在你已經知道，集中投資有風險，如果有可能，我們要將投資分散化。那麼只要分散投資就萬無一失了嗎？真實情況是：即使你把雞蛋放在了不同的籃子裡，籃子也可能在同一輛車上。

下面，我們來看分散化的另一個問題——簡單分散化，這也是一種錯誤的資產配置。

資產配置和資產選擇哪個更重要？

所有投資都面臨資產配置和資產選擇這兩個步驟：資產配置指的是投資人的資金如何在資產類型中配置，例如多少比例存銀行、多少比例投債券、多少比例買股票等；資產選擇指的是對某類資產的具體選擇，例如買哪些具體的股票。

那麼，這兩個步驟中哪一步更重要？

一般人會憑感覺進行資產配置，拍腦袋（編按：喻辦事不按理分析，單憑主觀想像）就決定了，但會花大量時間和精力進行資產選擇。

但實際上，第一步比第二步重要得多。一九九一年，有「全球資產配置之父」之稱的加里·布林森在一個著名的合作研究中指出：資產配置，即資金如何在股票、債券、銀行存款等資產類型中配置，對總收益的影響超過90%；這是個出乎意料的結果。大多數人在挑選哪檔股票上花費了絕大部分精力，而這對總收益的貢獻率還不到10%；很多人拍腦袋決策的資產配置才至關重要。

那我們應該怎麼做資產配置呢？

一般人對分散投資的理解是「不應該把所有雞蛋都放在同一個籃子裡」，但這不是真正意義上的充分分散化或最優分散化，很容易導致配置錯誤。

簡單分散的n分之一法則

先來做個測試，假設有一筆資金，給你幾個投資選擇：第一，全部投資於一支貨幣市場基金，它風險小；第二，全部投資於一支債券型基金，它風險中等；第三，各投一部分。你會怎麼選？

大多數人可能會選擇各投一部分以分散風險，並期待獲得平均收益。各投二分之一是人們在分散投資時的一種典型做法。

再給你一組選擇：第一，全部投資於一支債券型基金，它風險中等；第二，全部投資於一檔股票型基金，它風險高；第三，各投一部分。你可能還是會選擇各投二分之一。

再換一組選擇：第一，全部投資於一支貨幣市場基金，它風險小；第二，全部投資於一檔股票型基金，它風險高；第三，各投一部分。你可能依然會選擇各投二分之一。

不管資產的風險是小中配、中高配還是高小配，很多投資人在分配資金時都會各投二分之一。

這不是一個沒有依據的猜測。二〇〇一年，理查．塞勒與他的合作者做過一個研究，發現人們是想要做分散化投資的，但只做到了簡單分散化；研究表明，在一百七十家大型企業的年金投資計畫中，無論可選的投資專案是什麼，投資人都只是對每種項目各投n分之一。在這項研究中：如果可供選擇的投資項目是股票型和債券型兩種基金，投資人會各投50%；如果是股票型和混合型（50%投資於股票、50%投資於債券）兩種基金，投資人還是會各投50%；如果是債券型和混合型兩種基金，投資人依然各投50%。

無論面對什麼選擇，投資人都會按n分之一的比例來「出牌」，這被稱為「n分之一法則」。

但需要注意的是，這其中的差別非常大：在第一種選擇下，投資人的資產實際投資於股票的比例為50%；在第二種選擇下，這一比例為75%；在第三種選擇下，這一比例為25%。

理性的資產配置

「n分之一法則」不是一種理性的資產配置方式。那理性人會怎麼選？無論可選擇的投資項目是什麼，理性投資人都應該非常清楚自己的風險偏好，且其風險偏好不會發生改變，也就是說，理性人在以上三種可選擇的類型中，會精確計算資產配置的比例，最終投資於某種風險資產（例如股票）的比例在三種情況下都是一致的；對這個人來說，如果最優投資於股票的比例為40％，則無論給出哪些可選擇的資產，他最終投資於股票的比例都應該為40％。

所以，「n分之一法則」這種簡單的分散投資方式與理性的精確分散是不同的。簡單分散錯用了資產配置，對於投資決策來說是一種不可忽視的錯誤。

那麼，理性的分散化究竟應該怎樣做呢？

實際上，理性分散化或最優資產配置的比例是可以精確計量的。每個人的最優資產配置應該讓自己的效用最大化，而效用值取決於三個變數：資產的收益、資產的風險和自己的風險偏好，也就是說，面對同樣的資產，每個人的最優資產配置的比例取決於各人的風險偏好，理性人根據自己的風險偏好來計算最適合自己的配置比例。

比如：A更厭惡風險一些，那麼A的最優資產配置計算出來可能會是將62.7%的資金投資於銀行，37.3%投資於股票；而B沒那麼厭惡風險，B的最優資產配置計算出來可能會是將36.4%的資金投資於銀行，63.6%投資於股票。

由於A和B的風險偏好不同，所以他們的資產配置也不一樣。任何人都有確定的風險偏好，所以對於每個人來說，最優資產配置是確定的。

▼重點整理

1 一般人對分散投資的理解是「不應該把所有雞蛋都放在同一個籃子裡」，但這不是真正意義上的充分分散化或最優分散化，很容易導致配置錯誤。

2 每個人的最優資產配置應該讓自己的效用最大化，而效用值取決於三個變數：資產的收益、資產的風險和自己的風險偏好。

過度交易理論：

為什麼來回買賣不如不動？

除了分散化不足和簡單分散化，頻繁交易也是導致收益受損的重要原因之一。也就是說，即使選對了投資物件，不當的交易頻率仍然會導致投資受損。

過度交易理論

你有沒有注意到一個現象？金融市場上的個人投資人虧損多，機構投資人虧損少。這是人們長期以來的一個直覺，但很少有人提供確切的證據，也不太清楚個人投資人容易虧損的主要原因。

直到兩千年，這個謎團才首次解開。芝加哥大學的兩位學者，巴柏（Brad Barber）和奧登（Terrance Odean）取得了美國某大型券商三萬五千名個人投資人的交易資料，他們發現，如果考慮交易成本，個人投資人的收益遠低於大盤收益。

兩位學者按月周轉率（turnover）排序，將投資人分為五組，發現無論周轉率如何，投資人的總收益都差不多。周轉率也叫換手率，指的是在一定時間內股票轉手買賣的頻率，是交易量佔股票流通數量的比重。股票換手會增加交易成本，所以周轉率越高的組，投資人的淨收益越低（淨收益：總收益扣掉交易成本）。他們還把這個研究結果發表在了《金融學期刊》（Journal of Finance）上。

這個統計結果揭示的是，個人投資人虧損的主要原因是交易太頻繁。不少人自認為對某些股票很熟悉，於是反覆做同一檔股票，買進後賣出、賣出後再買進，如此反覆。巴柏和奧登的研究證明，無論投資人怎樣頻繁交易，其結果與買入並持有的總收益差不多，但頻繁交易會增加成本，所以來回買賣不如不動。

無論是在國內還是在國外，頻繁交易都是個人投資人普遍的交易特徵。在中國市場，個人投資人的比例高達80%，而在美國這一比例不到10%，因此頻繁交易的現象在中國尤其明顯，這就導致整個市場的交易量特別大，周轉率非常高，投資人的虧損也十分嚴重。相對於理性的交易頻率，投資人交易過度了，這就是過度交易理論。

如果投資人的投資行為是理性的，那他們會怎麼做呢？理性投資人會按照基本價值投資，基本價值的變化很小，因此理性投資人的交易應當不會很頻繁。如果大家都是理性的，那麼即使有人願意賣，其他人應該也不會願意買。

而事實上，在世界的大多數交易所裡，交易的頻繁程度遠高於理性原則所應達到的程度，機構投資人和個人投資人都是如此，其中個人投資人的交易更是頻繁。

行為金融學對過度交易的解釋是：投資人相信自己掌握了充分的資訊，可以進行交易了；而實際上，這些資訊不足以支撐任何交易。過度自信的投資人交易會更頻繁，但由於存在交易成本，這樣做會使收益更差。

過度交易的原因：過度自信

投資人為什麼總是忍不住過度交易？

這種行為主要緣於第二章「資訊輸出階段的認知偏差」中提過的一種認知偏差——過度自信，過度自信的人過於相信自己的判斷，更容易衝動地買入或賣出，造成交易頻率過高。

那什麼樣的人更容易因為過度自信而頻繁交易呢？

研究發現，性別是一個很明顯的因素。二〇〇一年，過度交易理論的提出者巴柏和奧登在經濟學頂尖期刊《經濟學季刊》（The Quarterly Journal of Economics）上發表過一篇研究性別、過度自信與股票投資的著名文章，這篇文章的主標題就叫「Boys will be boys」（男人終究是男人），意思是男性比女性更調皮、好動，更容易過度自信，因此他們的交易頻率更高。從資料上看，男性的股票交易頻率高出女性45%，過度交易使得男性每年減少2.65%的淨收益，女性減少1.72%的淨收益。

研究者進一步細分樣本後發現，單身男性比單身女性交易更頻繁，也虧得更多，單身男性的周轉率高出單身女性67%，這使得他們的收益比單身女性少1.44%。

指出女性的風險偏好趨於保守、非理性交易行為少於男性的研究不止這項，二〇一四年八月四日，《華爾街日報》也報導了有些基金專門投資有女性領導者的公司；這些基金認為，有女性領導者的公司，其業績往往優於那些缺少女性領導者的公司。比如巴克萊銀行推出的「女性領導者全收益指數基金」就是其中一支，它只投資於有女性CEO（執行長）或女性在董事會成員中所佔比例至少為25%的美國公司。

投資於由女性管理的金融企業好處更多，二〇一三年初，羅斯坦・卡斯會計師事務所的一份報告指出：二〇一二年一月至九月，六十七支由女性管理的對沖基金所構成的指數，其報酬率為8.95%，遠超由所有對沖基金構成的指數的報酬率——2.69%。該報告的最後一句話寫道：女性領導的公司和對沖基金，以壓倒性優勢擊敗她們的競爭對手。

二〇一三年，《金融經濟學期刊》（*Journal of Financial Economics*）也發表過一篇被引用多次的文章，這篇文章揭示了女性高階主管的投融資決策與男性高階主管不同：男性比女性更加自信，男性由於過度自信會發起更多收購、更多借債，這是導致由男性CEO管理的公司的業績比女性差的主要原因。

除了性別因素，還有哪些群體更容易過度交易呢？理性程度弱的人比理性程度強的人過度交易更嚴重。一般認為，個人投資人比機構投資人的理性程度弱，過度交易也更嚴重。所以，如果一家公司的投資人結構是以個人投資人為主體，則過度交易所導致的交易量或者周轉率就會特別高。

如何避免過度交易？

那怎樣才能避免過度交易呢？我們需要注意一些影響交易頻率的因素。

二〇〇二年，巴柏和奧登透過研究發現，交易方式會影響交易頻率，更方便的交易方式會使交易更頻繁，例如線上交易、程式化交易等。如今，很多人習慣了用手機APP（手機應用程式）進行股票操作，交易頻率也因此大大增加。由於網速提升、設施及功能的完善便利了交易，因此我們需要控制不自主的交易頻率的增加。

美國金融學年會主席路易吉・津加萊斯（Luigi Zingales）還曾指出，朋友圈子也會影響交易頻率，人的投資會受環境影響，周圍的人交易頻率增加，你的交易頻率也可能會隨之增加。

二〇一五年，金融學國際頂尖期刊《金融學期刊》有項研究提出了「鄰居效應」——連基金經理這種理性程度很高的人，其行為也會受到住得近的同行的影響。因此，我們需要意識到朋友圈交流可能會大大增加交易頻率，而獨處和靜思是降低交易頻率的有效方式。

此外，過度自信理論還揭示，經驗越豐富的人過度自信越嚴重，所以越是覺得自己經驗豐富的人，越需要注意過度交易的可能性。

▼**重點整理**

1反覆做同一檔股票，買進後賣出、賣出後再買進。研究證明，無論投資人怎樣頻繁交易，其結果與買入並持有的總收益差不多，但頻繁交易會增加成本，所以來回買賣不如不動。

2過度自信的投資人交易會更頻繁，但由於存在交易成本，這樣做會使收益更差。

賣出行為偏差：

賣出獲利的還是虧損的？

在買賣環節，投資人也存在行為偏差。相對於從無限的可選項中買入，賣出相對容易一些。接下來，我先介紹投資人的賣出行為偏差。

普遍存在的處置效應

假設某人手中有一支獲利的股票和一支虧損的股票，他急需用錢，必須變現一檔股票，應該選哪一支呢？大多數人會變現獲利的那一支。

一九九八年，行為金融學家奧登分析了美國一家大型券商一萬個投資人的帳戶資料，測算了投資人實現「未實現獲利」的比例和實現「未實現虧損」的比例，透過大樣本的統計資料發現：投資人更傾向於賣出獲利的股票，而不願意賣出虧損的股票。

這種現象其實並不新鮮，有個概念叫「處置效應」，指的就是投資人不願以低於購買成本的價格出售資產的現象，也就是說投資人傾向於「售盈持虧」，這是行為經濟學家赫許・謝弗林（Hersh Shefrin）和他的合作者梅爾・史塔曼(Meir Statman) 在一九八五年提出的。

售盈持虧的做法錯了嗎？

很多人可能會問，售盈持虧的做法難道不對嗎？畢竟現在虧損的股票，未來還有可能上漲。

我們可以透過交易一段時間之後的結果，檢驗這個投資決定是否正確。回到上面的測算，奧登發現：在投資人交易之後的八十四個交易日，也就是四個交易月後，被賣出的獲利的股票仍然在獲利，留在手中虧損的股票仍然在虧損；在交易之後的兩百五十二個交易日，也就是一個交易年後，賣出的獲利的股票仍然在獲利，留在手中本來虧損的股票還是在虧損；在交易之後的五百零四個交易日，也就是兩個交易年後，被賣出的獲利的股票和留在手中虧損的股票都獲利了，但依然是被賣出的獲利的股票賺錢更多。

所以，無論從短期還是從長期來看，投資人們都賣錯了。

從行為金融學的角度來看，投資人不願意出售虧損股票的現象可以用展望理論來解釋：人們在收益和損失區域的風險偏好不同——獲利時厭惡風險，希望落袋為安；虧損時偏好風險，希望放手一搏。

處置效應在投資實作中的表現

處置效應在投資實作中十分常見。我在二〇〇七年寫過一篇文章，發表在中國學術期刊《經濟研究》上，研究了投資人在贖回基金時的一個異常現象，這種現象就是處置效應在基金市場上的體現。

我們知道，在公募基金中，投資人把錢投給基金，基金管理者用這些錢去投資，收益全歸投資人，基金管理者按基金規模向投資人收取固定的管理費。

理論上，管理者把基金業績做得越高越好，因為業績越高，理性投資人應該越願意投資這檔基金，基金規模就會變大，管理者可以獲得更多管理費；反之，如果基金業績不好，理性投資人就會撤資，從而導致基金規模變小，管理者收取的管理費也會變少。總之，基金業績與投資人的現金流應該構成一個正回饋過程。

然而，非常奇怪的是，實際情況恰恰相反。我在基金公司工作的時候，常常聽基金經理抱怨：現在業務很難做，做得好吧，投資人就會撤資，真不知道淨值要做到多少才好。

基金經理的話促使我進行了深入思考，做了這個研究。經過大樣本檢驗，我發現：在基金業績提高，也就是投資人處於獲利狀態時，投資人不僅沒有如理性理論預期的那樣追加資金，反而贖回了；而在業績差時，卻沒有贖回。

實際上，基金的「贖回異象」就是由投資人的處置效應造成的，在獲利區域，投資人厭惡風險，希望「落袋為安」，所以會贖回基金；而在損失區域，投資人喜好風險，反而不會贖回基金。

這樣一來，基金業績做得越好，投資人反而越會撤資，這對基金產業非常不利，會導致基金管理者不一定會專注於投資；基金管理者在了解了投資人的這種非理性心理後，就會去迎合這種心理。

一個常見的現象是，基金管理者沒有將全部心思放在提高業績、幫用戶賺錢上，卻對那些能提升基金規模的事情樂此不疲。

二〇一四年，我在《經濟研究》上發表的一篇論文就揭示了這種現象——基金拆分。舉例來說，當一檔基金淨值很高時，比如到了四元，基金管理者就會將一份基金拆成四份，變為一元一份。理論上，這種行為沒有改變基金的價值，不會影響投資人的申購和贖回，但實際上，投資人受到低股價幻覺的影響，會大量申購這種拆分後變得「便宜」的基金，因為對投資人來說，基金規模有效擴大比實際提升業績更有吸引力。關於低股價幻覺，在第一章「人是不是真的有智慧戰勝市場」中股票高配股的案例中詳細介紹過。

上面提到的這些內容，即便是有豐富基金投資經驗的人也未必能意識到。總之，無論是金融工作者還是一般投資人，了解了基金贖回異象後，以後遇到類似現象就能觸類旁通、冷靜分析。

如何克服處置效應？

在賣出環節，投資人具體應該怎麼做？

首先，你應該了解處置效應是一種決策錯誤。處置效應本質上是由決策參考點導致的，由於存在參考點，人們會不自覺地在獲利和虧損的感知區域進行決策，而人們在獲利和虧損區域的風險偏好不同，這就會導致「售盈持虧」的賣出決策。

你現在已經知道售盈持虧是不對的，那下次賣出時，你會選擇出售虧損嗎？如果你的回答是肯定的，那就錯了。

實際上，出售獲利和出售虧損都不對，投資應該「向前看」，不能「向回看」。理性人的出售行為不會向回看，出售行為應該與成本參考點及相應的獲利或虧損無關，而是應該向未來看，選擇那個未來預期收益最低的。

其次，你應該學會舉一反三。在金融市場上，類似基金拆分這種利用了投資人心理偏差的現象有很多，比如基金的大比例分紅，透過分紅降低基金淨值；因為基金管理者清楚地知道投資人有售盈持虧的心理，所以他們並不一定會以投資人的利益為重去做高業績，而是利用這些心理做出對自己有利而對投資人可能不利的決策。因此，面對市場上看起來充滿誘惑力的金融產品，你可以用我介紹過的各種心理偏差仔細分析，從而做出正確選擇。

▼**重點整理**

1 處置效應本質上是由決策參考點導致的，由於存在參考點，人們會不自覺地在獲利和虧損的感知區域進行決策，而人們在獲利和虧損區域的風險偏好不同，這就會導致「售盈持虧」的賣出決策。

2 出售行為應該與成本參考點及相應的獲利或虧損無關，而是應該向未來看，選擇那個未來預期收益最低的。

買入行為偏差：

「漲停敢死隊」是怎麼賺錢的？

因為市場上的可選項太多，所以買入比賣出更困難。接下來，我為你介紹典型的買入行為偏差，幫你站在更高的視角審視自己的買入行為，了解這些偏差的產生原因和表現，在今後的投資中儘量避免這些偏差。

「漲停敢死隊」事件

先來看股市上一個非常經典的事件。

中國的老股民可能還記得「漲停敢死隊」事件。「漲停敢死隊」曾經在中國股票市場轟動一時，是利用人們的買入行為偏差套利的專業團隊。

根據交易所規定，漲幅或跌幅排名靠前的個股，其交易量最大的營業部會被公佈。曾經有段時間，寧波有家營業部經常上榜，這說明這家營業部可能有固定的機構專門運作漲停的股票，於是市場人士給這家機構起名「漲停敢死隊」。

這個團隊引起了上海證券交易所的注意，交易所專門委託高級金融專家西索爾斯（Seasholes）和吳國俊對「漲停敢死隊」做過詳細分析，發現了他們的套利手段。

1 「漲停敢死隊」的獲利策略

「漲停敢死隊」的策略是，在某檔股票的股價第一次達到漲停後將其買入，然後第二天將其賣出。其中，85%的買入指令發生在股價第一次觸及漲停板的一小時內，而58%的買入指令發生在股價第一次觸及漲停板的五分鐘內。

這種做法並不違規，因為他們不是透過交易把股票拉成漲停，而是看到股票漲停後再迅速買入，這是利用公開信息的正常交易行為。

某檔股票如果發生漲停，其漲停將有很高機率不止一次，那麼追漲停將是一個有效的交易策略。「漲停敢死隊」在股票當天漲停發生的第一次買入，然後第二天將其賣出，所以他們有很大的機會賺到一個漲停的收益。

2 「漲停敢死隊」的獲利條件

「漲停敢死隊」能夠獲利，有以下兩個條件：第一，能夠買到漲停的股票。這些股票是由那些售盈持虧、過早出售獲利資產，想要「落袋為安」的投資人賣出的。

第二，能夠在第二天將股票賣出去。股票漲停之後，交易所和各大排行榜會公佈資訊，這會吸引一部分投資人關注，最終引起買入。換句話說，「漲停敢死隊」將自己前一天吸收的籌碼有效出售給了慢他們一拍且關注力有限的普通投資人。

專家調查發現，「漲停敢死隊」帳戶的日報酬率為 1.16%，但普通個人投資人則在該策略中受損——在第一個漲停時賣出股票的個人投資人，損失了之後股價可能上漲帶來的 1.46% 的收益；而慢一拍買入股票的個人投資人，由於未來股價回歸，將遭受 0.88% 的損失。

「漲停敢死隊」利用了什麼交易偏差

顯然，「漲停敢死隊」利用了人們的交易偏差。具體來說，交易偏差有如下兩種：

1 追漲

第一種被利用的買入行為偏差是普通投資人的「追漲」行為。很多人都聽說過「追高殺低」這個詞，這是一種常見的交易方式，因為「漲」是一支好股票的代表性特徵，會讓人做出買入的行動。

但個人投資人的追漲行為往往慢人一拍，「漲停敢死隊」就是利用了普通人慢的這一拍來獲利。

那追高殺低的行為錯在哪裡？是投資人判斷失誤，還是反應太慢？

都不是。追高殺低本質上錯在「往回看」，投資人總以為歷史會重演，漲的還會再漲，跌的還會再跌。但根據二〇一三年諾貝爾經濟學獎得主尤金・法瑪提出的效率市場假說，價格已經反映了所有可能得到的資訊，因此認為歷史會重演是沒有理論根據的。

那為什麼「漲停敢死隊」的追高殺低就不是錯誤了呢？因為他們的行為是有意識的，而普通投資人的行為是無意識的，這會導致他們的交易節點不對。如果普通投資人的交易節點能像專業機構一樣準確，那當然可以獲利。在這個案例中，普通投資人與「漲停敢死隊」的操作完全是反向的，這就是專業機構的行為金融交易策略——預測別人的錯誤，並利用他們的錯誤獲利。

普通投資人正確的做法應該是「往前看」，不受過去資訊的影響，否則很容易被專業機構利用。

2 有限關注

第二種買入行為偏差是有限關注。在面對大量資訊時，個人投資人的關注是有限的，他們更傾向於購買那些能夠引起關注的股票。做廣告、上新聞、獲獎等容易引起關注的事件，就可能引起買入。這也被稱為有限關注理論。

「漲停敢死隊」就是利用了這一點——他們知道漲停的股票一定會上榜，

只要上榜就會獲得普通投資人的關注。

那所有能引起關注的事件都會引起買入嗎？好消息引起買入可以理解，壞消息怎麼也會引起買入呢？

這其中既有規則的原因，又有心理的原因。對金融資產來說，壞消息雖然可能引發賣空，但賣空有很多限制條件，例如對股票融券的限制性規定，普通投資人賣空股票比較麻煩，因此賣空很少。同時，不少投資人相信「利空出盡是利好」，壞消息釋放以後就是一種好消息，因此淨效應也是買入。這就是有限關注理論的原理：能引起關注的事件會引發買入。

研究發現，以下三種情況特別容易引起投資人的關注：

第一，交易量增加。比如，股票放量會引起投資人的關注，放量指的是交易量突然大幅增加。放量的股票之所以會引起關注，是因為投資人覺得這類股票中可能隱含著某種別人知道而自己不知道的資訊。

第二，有新資訊公布。比如，公司公布財務報表，上新聞頭條等。但實際上，根據已經公布的資訊再做交易已經晚了。

第三，有極端歷史收益。比如，某些股票上個交易日漲停或跌停；市場上的各種報酬率排行榜（例如「龍虎榜」。編按：中國股市資訊中將買賣雙方激戰最為壯觀的資金進出情況公布出來的排行榜）會發布每個交易日漲幅或跌幅排名靠前的股票。國內外許多研究表明，進入榜單的股票對投資人有巨大的吸引力。

因為投資人普遍存在「追高殺低」和「有限關注」行為，所以在金融市場上才會經常被專業團隊利用，讓專業團隊有了套利成功的機會。可見，市場上行為金融交易策略的主要運作原理是：一部分投資人會犯錯，另一部分理性人或專業團隊則利用這種錯誤獲利。

其他買入行為偏差

除了「追高殺低」和「有限關注」，還有以下兩種常見的買入行為偏差：

第一，熟悉偏差。投資人傾向於重複操作同一檔股票，也就是說，如果這檔股票在上次賣出時是獲利的，投資人會傾向於再次買入，特別是當這檔股票目前的價格又下跌了，投資人會更傾向於買入。這種行為可以用熟悉偏差來解釋：賣出時是獲利的，這會使人產生愉快的感覺，從而更願意再次買入。可實際上正確的理念是，買入時不能總盯著自己熟悉的物件。

第二，攤薄成本偏好。攤薄成本指的是投資人買入已經持有的股票，在某檔股票價格下跌時進行補充部位，在心理上產生成本不斷降低的感覺。這是一種由框架效應（參見第三章「框架效應」）和參考點效應（參見第三章「參考點依賴」）造成的交易行為偏差。投資人買入時受框架效應的影響，選擇了自己已經持有的股票，缺乏綜觀全局的視野；同時受參考點效應的限制，投資人總是「往回看」，而不是「向前看」，從而造成越跌越買的行為偏差。正確的做法應該是「向前看」，並且要能綜觀全局。

▼重點整理

1 專業機構的行為金融交易策略——預測別人的錯誤，並利用他們的錯誤獲利。一般投資人正確的做法應該是「往前看」，不受過去資訊的影響，否則很容易被專業機構利用。

2 有三種情況容易引起投資人關注：交易量增加、有新資訊公布、有極端歷史收益。

3 常見的買入行為偏差：追高殺低、有限關注、熟悉偏差、攤薄成本偏好。

羊群效應：

投資是否應該追逐熱點？

前文主要介紹了個人投資人的行為，下面我們來看群體行為。群體行為研究人與人互動後的表現，你會了解自己為何以及如何受他人影響，應該怎樣正確看待群體行為並避免錯誤。

社會心理學：三個臭皮匠勝過一個諸葛亮嗎？

俗話說「三個臭皮匠勝過一個諸葛亮」，真是這樣嗎？社會心理學的研究結果恰恰相反：三個臭皮匠不但勝不了一個諸葛亮，聯合起來的智商甚至連一個個體理性人的智商都達不到。幾乎每次金融市場的巨大崩潰都源自群體心理的崩潰，比如人類歷史上有記載的第一次金融泡沫——鬱金香泡沫。

十六世紀中期，鬱金香傳入西歐後，受到了人們的狂熱追捧。

一六三四年，炒買鬱金香的熱潮甚至變成荷蘭的全民運動，一千荷蘭盾一株的鬱金香球根，不到一個月就升值為兩萬荷蘭盾。無論處在哪個階層，人們都將財產變換為現金，投資於這種花卉，一株鬱金香甚至可以換一座房子。一六三六年，為了方便鬱金香交易，人們在阿姆斯特丹的證券交易所內開設了固定的交易市場。一年後，鬱金香價格的總漲幅高達5,900%。然而，當人們沉浸在對鬱金香的狂熱中時，一場大崩潰近在眼前。賣方突然大量拋售，公眾陷入恐慌，鬱金香市場在一六三七年二月四日突然崩潰，一夜之間鬱金香球根的價格一落千丈，成千上萬的人在這場大崩潰中傾家蕩產。

不只是鬱金香泡沫，人類歷史上幾乎每一次金融市場的大起大落都可以用社會心理學的研究結果解釋。社會心理學認為，人有理性的一面和非理性的一面，當非理性的一面在群體中被統一以後，群體的智商就會低於單個個體理性人的智商。

這一點對行為金融學有非常重要的意義，因為如果只考慮單個個體，個體的心理偏差是隨機發生的，那就有可能相互抵消；但社會心理學認為，人的非理性行為不是隨機的，而是會發生系統性偏差。當出現像股市大跌這樣的極端事件時，人們並不會像理性理論預期的那樣，透過買入來糾正向下的價格偏差；實際上，人們在恐慌性情緒下往往會相互踩踏、競相出售，從而使價格進一步偏離，甚至崩盤。

羊群效應和資訊瀑布

社會心理學在金融市場上最重要的表現是羊群效應（又稱羊群行為），指的是投資人放棄自身判斷，追隨大眾決策的現象。比如，你早上去交易大廳，本來沒想買入，後來發現周圍人都在買，於是你也買了。不僅是個人投資人，機構投資人也會做出這種決策，比如基金經理會互相打聽部位持有情況，甚至放棄自己原來的判斷而與他人保持一致。

資訊瀑布是一個與羊群效應非常近似的用語，指的是人們觀察到前人的資訊後，會用別人的決策直接代替自己的決策，完全放棄自己的觀點，而且越往後，這種資訊的疊加效應越強，像瀑布一樣。不同的是，資訊瀑布強調資訊的疊加現象，而羊群效應強調模仿的行為結果。

板塊輪動與概念股炒作

那麼，羊群效應是怎麼在金融市場上發揮作用的呢？

比如，中國股票市場上有一種常見現象——板塊輪動，它類似於產業輪動，包括但不限於產業輪動。產業輪動指的是，隨著經濟從繁榮到蕭條，再從蕭條到繁榮的週期性變化，在特定的經濟時期有特定的產業受益，投資人會根據經濟情況配置不同產業的股票，從而形成不同產業股票之間的強弱變化，所有國家都存在這一現象。

在中國股票市場上，除了產業具有輪動性，還存在板塊輪動現象，板塊可以按照地區、熱點話題、熱點事件等方式進行劃分，比如熱門事件板塊就包括新能源板塊、P2P（個人對個人）板塊等。板塊的輪動與經濟週期或基本面並沒有太大關係，它更大程度上源於投資人的行為聚集，也就是前文提及的羊群效應。投資人聚集於某個特定板塊，同買同賣，造成該板塊股價同向波動。

除了板塊輪動，羊群效應在概念股炒作中，也發揮了決定性的作用。

二〇一七年，我的研究團隊做了一個由交易監管者委託的研究項目——概念股炒作中的羊群效應識別，這是交易監管者非常關注的問題。我們用真實的投資人交易資料，分析了概念股炒作的一般規律，並識別出了「領頭羊」的特徵、「羊群」的特徵及交易行為、股價突破壓力位前後羊群行為的變化。

在股市中，你也許會經常遇到炒作股票的情況。那我們就來看看，概念股究竟是怎樣被炒起來的。

我們透過研究發現，「領頭羊」一般是持有部位市值超過人民幣一千萬元的超級大戶，而「羊群」則是持有部位市值在五十萬元以下的小戶和十萬元以下的散戶。大多數炒作模式是：「領頭羊」直接入場——拉抬股價——「羊群」跟進（佔所有帳戶的60%到70%）。

在概念股的炒作中，超級大戶與中小散戶的淨買賣行為剛好相反。「領頭羊」提前建立部位，在炒作期間淨賣出，他們建立部位速度較慢，但賣出部位速度很快。而「羊群」的行為慢於「領頭羊」，通常情況下，在「羊群」進場時，「領頭羊」已經建立部位完畢，加之小散戶離場不果斷，炒作結束後未完全出貨，因此被套住的比例較高。

追逐熱點的投資行為錯在哪裡？

透過對概念股炒作中的羊群效應進行分析，我們可以發現，投資人追逐熱點的投資行為是不理性的。其中有幾個關鍵問題：

第一，很多概念股炒作缺乏基本面支撐。一些熱點問題完全是人為製造的，部分理性投資人或上市公司僅僅依靠投資人形成的羊群效應，就可以達到自己的目的。在先進市場上，機構投資人占比超過90%；而中國市場的投資人結構則明顯體現了「二八定律」，即個人投資人佔比超過80%，但資金量並不大，能夠控制市場的是佔比不到20%的機構投資人，這種結構容易形成羊群效應。

第二，在羊群效應產生的過程中，上市公司、分析師、媒體等都扮演了一定的角色，誘使投資人成為「羊群」。

對上市公司而言，誘使羊群效應產生可以帶來短期利益。上市公司甚至換個名字就能成為熱點，其高階主管還可能單獨或與機構聯合，透過製造市場熱點誘導群體反應。羊群效應將推高短期股價，對高階主管減持股份、公司資本運作有利。

而分析師本應提供協力廠商客觀的投資評價，但受激勵方式的影響，他們會透過羊群效應推高股價，從而提升自己的業內評價。雖然這對分析師自身有利，但會造成其投資推薦不一定客觀。

媒體雖然不是利益相關者，但相關報導客觀上產生了資訊傳播和資訊強化的作用。

第三，投資人之所以被所謂的市場熱點吸引，成為「羊群」之一，其深層原因是被高收益、低機率的事件吸引，這種偏差在第三章〈錯判機率導致的決策偏差〉中詳細介紹過。市場熱點會使相關股票的收益比其他股票好，就像買彩券一樣，一旦中獎就有巨大收益；投資人看到很多把握住熱點並踩準市場節奏的人發財致富了，覺得自己也有這樣的運氣。他們錯在只看到了極端收益，卻忽視了其發生的機率極小。

可見，識別概念股非常重要。在概念股的炒作中，真正能獲利的只有那些有目的的「領頭羊」。不少個人投資人喜歡看技術分析指標並據此行動，如果你覺得觀察到了某種訊號，認為自己很有可能抓住了機會，切記保持警惕，不要成為羊群效應的犧牲者。因此，面對所謂的市場熱點，不能僅憑技術分析指標採取行動，減少交易頻率可以有效減少損失。

▼重點整理

1社會心理學認為，人有理性的一面和非理性的一面，當非理性的一面在群體中被統一以後，群體的智商就會低於單個個體理性人的智商。

2在概念股的炒作中，超級大戶與中小散戶的淨買賣行為剛好相反。「領頭羊」提前建立部位，在炒作期間淨賣出，賣出部位速度很快。而「羊群」的行為慢於「領頭羊」，在「羊群」進場時，「領頭羊」已經建立部位完畢。

3投資人追逐熱點的關鍵問題：

A很多概念股炒作缺乏基本面支撐。

B在羊群效應產生的過程中，上市公司、分析師、媒體等都扮演了一定的角色，誘使投資人成為「羊群」。

C被高收益、低機率的事件吸引。

Chapter

5

股票大盤的奧祕

這一章介紹股票大盤的規律。股票大盤代表股票市場，是影響股票價格最重要的因素，在著名的資本資產定價理論中，大盤甚至是影響個股價格的唯一因素。因而股票大盤是否可預測，是傳統金融學與行為金融學爭論最激烈的話題。本章介紹獲得諾貝爾經濟學獎的股票大盤可預測理論，大盤為何以及在何種程度上可預測。

大盤可預測理論：

大盤可以預測嗎？

大盤可預測理論由行為金融學家羅伯．席勒提出，席勒教授因該理論獲得了二〇一三年的諾貝爾經濟學獎。然而，二〇一三年還有另外一個學者尤金．法瑪也同時獲得了諾貝爾經濟學獎。幾個人共用諾貝爾獎並不意外，提出同一個理論的合作者往往會同時獲獎，但罕見的是，針對同一問題的兩個截然相反的理論同時獲獎。法瑪和席勒都因為「可預測性」獲獎，但他們分別代表了觀點完全對立的傳統金融學和行為金融學：傳統金融學的代表法瑪教授認為大盤不可預測，而行為金融學的代表席勒教授則認為大盤可預測。

什麼是大盤可預測理論？

所謂大盤可預測，是指股票大盤可以透過已知資訊來預測。席勒教授將一八七一到二〇〇二年的美國標準普爾500指數值與成分股股息的貼現值畫在一張圖上（圖5-1），這相當

圖 5-1 股價指數與股息貼現值

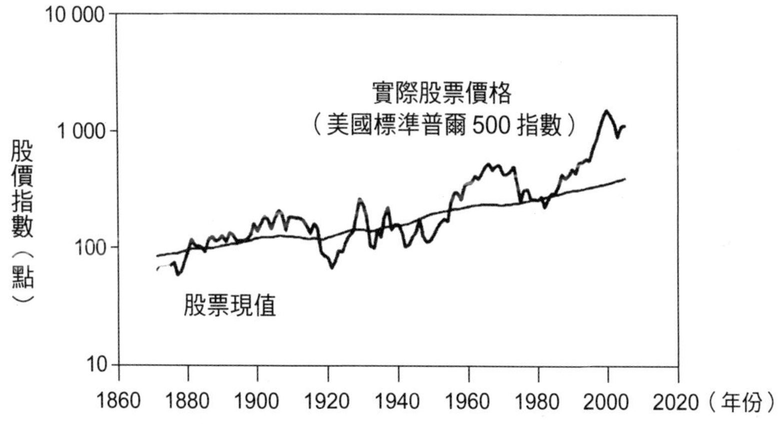

於把股票大盤的走勢和股票基本面（股息貼現值）的走勢進行對比，發現股息貼現值可以預測未來的股票市場價格。一系列的實證研究支持了公司的基本面訊息（例如股息、每股盈餘等）可以預測未來的股票大盤。

大盤可預測理論的預測能力

大盤可預測理論發表於一九八八年，由席勒與他的合作者約翰·坎貝爾（John Campbell）完成，後來席勒教授將該理論集結成書，書名定為《非理性繁榮》。席勒教授於二〇一三年獲得諾貝爾經濟學獎後，該書也榮登亞馬遜暢銷書排行榜。

大盤可預測理論有著怎樣的神奇預測力，以及這本書為何取名為《非理性繁榮》，這裡有個有趣的故事。

自該理論提出之後，席勒一直用該理論持續跟蹤並預測美國股票市場。一九九六年，他預測當時美國市場的股票價格過高，蘊藏著巨大的風險，可能會爆發危機（危機實際爆發於兩千年，即網際網路泡沫破滅）；同年十二月四日，席勒向當時的聯準會主席葛林斯潘報告了他們的研究成果，並預警股市將出現較大的風險。十二月五日，葛林斯潘在華盛頓發表了一次談話，在談話中他用了「非理性繁榮」一詞形容股票市場中投資人的非理性行為和股價不正常的高估現象，這立即引起了全世界的關注，全球股市應聲而落。次日，日經指數下跌3.2％，香港恒生指數下跌2.9％，德國DAX指數下跌4％，倫敦FT-SE100指數下跌4％，美國道瓊工業指數下跌2.3％。

全球市場的劇烈變化使大家記住了葛林斯潘使用的這個詞——非理性繁榮。葛林斯潘正是參考了羅伯．席勒的研究成果才說出了這個詞，因此羅伯．席勒就把自己關於大盤可預測理論的著作命名為《非理性繁榮》。

實際上，席勒的大盤可預測理論不僅預測了兩千年美國股市的暴跌（預測早於危機發生四年），用該理論的方法和資料，他還較為準確地預測了二〇〇七年金融海嘯。

大盤可預測的原理

大盤可預測理論到底是怎麼預測的呢？

原理其實並不複雜，關鍵問題在於，股票的價格究竟應該等於什麼。

股票代表的是投資人對上市公司的所有權，投資人有對上市公司收益的要求權，持有股票的股東可以透過獲得股息的方式分享企業收益。所以，你現在願意用來買股票的錢，應該等於股票未來所有股息的貼現值；貼現值指的是將來的資產或負債折算到現在值多少錢。

這個最基本的原理就是席勒用來預測市場的方法。圖5-1顯示了股票市場大盤與成分股股息貼現值的走勢對比，我們可以從中發現，相對於平穩的股息貼現值，股票價格（即大盤）的波動太大了，這就是所謂的過度波動。

那過度波動為什麼能預測股價呢？

結合圖5-1看，股價雖然相對於股息貼現值過度波動了，但兩者並沒有完全脫離，股價圍繞著股息貼現值在波動。換句話說，當股價偏離股息貼現值時，就有某種力量將股價拉回來，這就說明股價可以預測，大盤也是可以預測的。

除了上述原理支持，大盤可預測理論還是實證檢驗的結果。實證檢驗指的是用真實的大樣本，以統計方法提煉規律性。

熟悉股市的人都知道本益比（P/E），即股票的市場價格（price）與每股盈餘（earning）的比值，我們可以把它看作股票價格相對於基本面的倍數。本益比是人們最常用來評估股價水準是否合理的指標之一。

從歷史資料看，本益比一般會穩定在一個區間。在美國，這個區間為十二到二十倍；在中國，這個區間為十五到四十倍。本益比會在這個相對穩定的區間上下波動，每當本益比觸碰上限，通常會有危機事件發生，例如在一九〇一年、一九二二年、一九二九年、一九六六年、一九八一年和兩千年，本益比都碰到了區間邊界，這些年份也確實發生了金融風險事件。

從實作來看，本益比會圍繞一個穩定的水準波動，如果本益比相對於穩定區間偏高了，我們就可以預測它未來會回歸。本益比（P/E）是個比值，要使它回歸有三種方式：第一種是分子P變小，也就是股價降低；第二種是分母E

變大，也就是每股盈餘上升；第三種是分子P和分母E一起變化。

那哪種情況說明大盤可預測呢？

席勒的實證檢驗支持第一種方式，即當前的高本益比可以預測未來股價會降低，這說明大盤是可預測的，席勒正是用這種方法預測了兩次美國金融危機。

大盤可預測理論對我們的意義：大盤在何種程度上可預測？

那麼，大盤在何種程度上可預測，我們又應該怎樣利用這個理論呢？

事實上，實證檢驗的結果支持大盤可預測，但並非在所有區間都能預測。實證研究顯示，大盤的可預測性只表現在長期，這一時期長達十年。

大盤短期的雜訊太大，這導致大盤的短期預測效果不佳，而長達十年的可預測性在實作中幾乎不可操作。所以，雖然大盤可預測，但因為時間太長，這種理論對實作的引導作用其實非常有限。

既然無法引導短期操作，我們為什麼還要了解它？

這是因為，大盤可預測理論雖然對於股市的短期操作作用不大，但對於總體分析股票市場當前的系統性風險來說非常有益。在對股票市場的分析中，最重要的就是總體分析，證券公司的首席分析師一般也都是總體分析師。大盤可預測理論揭示了虛擬市場不能偏離實體經濟太遠，因此它提供了透過總體分析預測股票市場最簡單可靠的方法：透過實體經濟的基本趨勢，比如經濟景氣指標、企業財務預測等比較容易獲得的資訊，參照羅伯·席勒的方法，找到股票市場波動的基準，如果股票市場偏離這個基準太遠，我們就可以預測股市將回歸實體經濟基準線。也就是說，大盤應該在實體經濟運作的合理區間內（一定的本益比、股價淨值比等）變化，超過這個區間，系統性風險就會增加，股價上升或下降的可能性就會變大。能夠透過實體經濟狀況預測股票市場有其心理學原因，實際上，高於正常水準的本益比是由投資人的情緒導致的。假如一家公司每股盈餘的增長率較高，比如是50%，投資人就會對這家公司的未來增長產生樂觀情緒，簡單地根據過去的高增長對股票估值；隨後，當投資人發現實際增長無法達到預期效果時就會失望，這就使得股票價格未來下降是可預測的。

接下來我舉個例子，用上面的分析解釋牛市中的現象，看看投資人容易犯什麼錯誤。中國股票市場曾在二〇〇七年達到牛市頂點，在大盤已經達到六千點高點時，為何還不斷有人興奮地高呼「一萬點指日可待」呢？因為在牛市中，公司的每股盈餘增長很快，投資人誤以為這樣的增長可持續，因此給予其很高的本益比。但是，預測公司的未來盈餘不能看過去的財務報表資訊，公司收益不可能一直保持高增長，所以當未來收益達不到預期時，股價無法支撐高本益比，就會導致大盤下跌。因此，在這輪牛市行情中，不斷有私募基金清盤——這些機構投資人比個人投資人理性得多。

大盤的本益比值得關注，如果你發現它偏離正常區間太多，就要警惕投資人對公司獲利的增長過度樂觀，錯誤地將過去的增長看作未來的增長，從而忽視了風險。可見，在牛市中運用逆向思維十分必要——當別人貪婪時，你就該恐懼。

▼重點整理

1 股票代表的是投資人對上市公司的所有權，投資人有對上市公司收益的要求權，持有股票的股東可以透過獲得股息的方式分享企業收益。

2 大盤可預測理論雖然對於股市的短期操作作用不大，但對於總體分析股票市場當前的系統性風險來說非常有益。在對股票市場的分析中，最重要的就是總體分析。

3 大盤應該在實體經濟運作的合理區間內（一定的本益比、股價淨值比等）變化，超過這個區間，系統性風險就會增加，股價上升或下降的可能性就會變大。

股權溢價之謎和戰略資產配置：

為何你應該買點股票？

配置一些股權資產是一件非常划算的事，為什麼這麼說？接下來，我將從金融學資產定價領域的一個重要謎團——「股權溢價之謎」（Equity Premium Puzzle）開始，介紹配置股票的重要性，以及你應該怎樣進行戰略資產配置。

股權溢價之謎

「股權溢價之謎」最早起源於芝加哥大學教授羅傑・易普生（Roger Ibbotson）一九七六年的研究。

易普生教授將視線拉長，計算了從一九二五年底到現在，投資一美元在不同資產上的報酬率情況。你猜哪種資產報酬率最高呢？以截至二〇一六年底的結果為例：經過九十一年的時間，如果投資人原本持有的是小公司股票，到期末將為三萬三千美元，年化報酬率為12%；持有大公司股票，到期末為六千美元，年化報酬率為10%；持有長期國債，到期末為一百三十美元，年化報酬率為5.5%；持有短期國債，到期末為二十美元，年化報酬率僅為3.4%。可能有人會問：這麼算考慮通貨膨脹了嗎？如果沒有投資任何資產，算上這九十一年的通貨膨脹率，一美元會自然增長為十三美元，其年化報酬率僅為3%，所以通貨膨脹不影響各類資產的報酬率排名。

由此可見，股權類資產的報酬率遠高於其他資產。此外，它能得到的高收益遠大於傳統資產定價模型所得的結果，這種現象無法用傳統金融學理論進行解釋，因此被稱為「股權溢價之謎」。

後來，易普生教授成立了易普生投資顧問公司，每年出版資產類型的報酬率更新報告。很多學者透過研究發現，「股權溢價之謎」不是美國市場特有的現象，在其他國家，例如中國、英國、德國、義大利、法國等也存在類似現象，這是一個普遍規律。

「股權溢價之謎」對戰略資產配置的意義

「股權溢價之謎」為什麼被稱為「難解之謎」？它對投資人的資產配置有什麼作用？

「股權溢價之謎」的難解之處在於，它違背了金融學中收益與風險對應的基本原理。

舉個例子，面對一個收益很高的資產，投資人都想要，但想要就得承擔風險，也就是說，收益與風險相對應。除了風險，還有什麼因素影響投資人的決策？假設投資人A極度厭惡風險，要想讓A願意買入，這類資產就得有更高的收益，所以資產定價的基本原理是：資產收益＝風險×風險厭惡係數；風險和風險厭惡係數是影響資產收益的兩個因素。

首先看第一個因素——風險。股權資產的收益最高，是不是意味著它的風險很高？事實並非如此，股權資產的風險水準其實不太高。根據資產定價理論，風險指的不是單檔股票的上下波動，而是股票收益與消費增長的共變數。

共變數指的是兩個變數共同變動的方向和程度，你可以把共變數理解為兩個變數變化的相似程度，相似度越高，共變數越大。根據實作我們知道，消費增長的波動率很低，而股票收益的波動率卻很高。低波動率的消費增長與高波動率的股票收益——兩者的共變數必然很低，所以股權資產的風險並不高。

這樣一來，股權溢價只能用第二個因素——非常高的風險厭惡係數來解釋。然而，要想得到易普生那組資料中的收益，風險厭惡係數將會非常高，甚至會到二十以上。一般來說，合理的風險厭惡係數在二到五，二十以上的風險厭惡係數顯然不合理。

既不能用風險解釋，也不能用風險厭惡係數解釋，所以股票的超高收益才會被稱作資產定價的「難解之謎」。

股權資產的收益非常高，同時風險又沒有那麼大，這對資產配置的意義是非常直觀的——從戰略角度，你應該配置一些股權資產。

「股權溢價之謎」產生的行為金融學解釋

股權資產是一種特別適合配置的資產，既然這已經不是秘密，那理論上投資人是不是應該非常願意投資股票呢？

事實並非如此。這又引出另一個謎團——「股票非參與之謎」（Stock Non-participation Puzzle）。理論上，無論風險厭惡程度如何，家庭或個人投資人都應該配置一些股權資產，因為這樣做十分划算。但實際上，美國只有不到50%的家庭擁有股票，其他國家家庭的股票擁有率更低，這被稱為「股票非參與之謎」。

導致這種現象的原因可能是投資股票的一次性成本高，這些成本包括財富成本、時間成本、學習成本等。研究發現，投資人的金融財富配置與人際交往圈有關，人們喜歡和朋友配置相似的資產：越不擅交際的家庭、越不相信他人的人，越不太可能持有股票；富有的、受教育程度高的人則比較愛投資股票。這就說明，相對於理性人，普通投資人的「股票非參與行為」可能是一種投資錯誤。這就好比一部分人一直看不到、不參與某個機會，從而導致這個機會（如股票的高溢價）始終存在。

投資人為什麼常常感受不到股票的高溢價呢？

這可以用框架效應和展望理論解釋。受框架效應的影響，投資人會過於頻繁地清點自己的資產；同時，股票價格的波動較其他資產更大，根據展望理論，投資人對股價下跌造成的損失特別敏感，因此會對股權資產要求更高的溢價。

戰術資產配置與市場擇時風險

總之，「股權溢價之謎」說明：參與股權投資並非零和博弈。從近百年的資料來看，股權資產的收益很高，年化報酬率可以超過10%，所以無論風險偏好如何，投資人都應該在戰略上配置一些股權資產。

需要注意的是，解決戰略問題之後，資產配置的戰術性選擇並不簡單。所謂戰術性選擇，指的是進場和離場的時機問題，也稱擇時。

一九九六年，席勒與他的合作者約翰．坎貝爾根據他們的研究，認為當時美國市場的股票價格估值過高，蘊藏著巨大的風險。如果你當時要做投資決策，看到席勒的研究成果，應該怎樣配置資產呢？

有的人可能會減少部位，甚至賣空股票；如果這樣做，你的資產有可能全部虧光。真實的市場情況是，股票市場在一九九六年沒有下跌，到了兩千年才發生真正的下跌，所以如果你在一九九六年就做空市場，那就「對早了」。在金融市場上，「對早了」也是錯。

所有投資人都試圖尋找準確的市場臨界點，這非常困難。為什麼困難？

設想一個場景：在海灘上，一個孩子讓沙子從手指間緩緩流下。一開始，地面是平的，隨著沙子越來越多，沙堆會出現小的斜滑面，最終達到最高，這時如果繼續放沙子，整個沙堆將會失去平衡，發生崩塌。沙堆是一個複雜系統，崩塌的動態變化只能從沙堆的角度進行總體描述，無法從每一粒沙的軌跡進行解釋。這個例子體現了物理學的複雜性與混沌理論。

同樣的道理，在金融市場上，崩潰的發生也是單個市場參與者同步性加劇的結果，投資人之間在局部相互模仿、自我強化。正是由於複雜性和混沌的存在，預測準確的臨界點非常困難，尤其是做空市場的風險非常大。投資大師索羅斯也承認，在兩千年左右做空美國股市風險巨大，因此擇時操作非常困難。

米勒假說——怎樣解讀放量？

對市場的短期預測是諾貝爾獲獎理論也解決不了的世界級難題，那人們是不是就完全沒辦法了呢？接下來，我為你介紹一個在傳統金融學裡學不到的知識——價量關係理論。

理解了這個理論你就會知道，雖然做短期預測不可能，但價格和交易量的關係，仍然可以幫你相對準確地判斷該什麼時候買進、什麼時候賣出。

價和量有什麼關係——米勒假說

很多投資人在買賣股票時會參考當時的成交量，也總結過一些交易規律，比如：當大家都衝去買一檔股票的時候，這檔股票的價格會上漲；當成交量收縮的時候，價格會下跌等。很多聰明人都會這麼做，因為大家知道，股票交易行情主要由價格與交易量構成，投資決策時觀察它們的關係非常重要。

遺憾的是，傳統金融學認為價格是價值的體現，均衡價格不會受交易量影響，所以並不研究「交易量」這一問題，因此投資人平時的經驗和感覺也就得不到驗證。

好在價量關係的經典理論——米勒假說出現了，它為人們提供了驗證。透過對照，你就能知道自己的經驗和感覺是對是錯，應該如何把握買進、賣出的重要時機。

在介紹米勒假說之前，請你思考一個問題：交易量究竟反映了什麼？

成交，本質上反映的是意見分歧。比如：A覺得某個資產的價格被高估了，堅信自己的觀點，希望賣出；B覺得這個資產的價格被低估了，也堅信自己的觀點，希望買入；A和B都說服不了對方，結果就是——成交。所以，交易量反映的是投資人的意見分歧程度，交易量越大，代表意見分歧越大。

米勒假說認為，均衡時的股票價格一定是被高估的，價格反映的是樂觀者的預期。這一假說成立需要滿足兩個條件：（1）投資人有意見分歧；（2）

市場具有賣空約束。

第一個條件很好理解，並且容易滿足，比如：悲觀者認為某股票每股值十元，那麼當價格高於這個值時，就會有人願意賣出；樂觀者認為該股票每股值二十元，那麼當價格低於這個值時，就會有人願意買入。第二個條件也很容易滿足，賣空其實就是賣，但它是一種特殊的「賣」法，因為金融資產是虛擬的，所以投資人可以先賣再買，先賣再買時的「賣」不稱為「賣」，而稱為「賣空」；賣空一般發生在預測股價下跌的時候，這樣就能透過賣高買低獲利。那市場為什麼會限制賣空？道理很簡單——為了防止投資人賣完之後拿著錢就跑，因此允許賣空的機構會給投資人設立一些限制，約束投資人一定再買回來。在實作中，大多數市場都對賣空有一定約束，有的證券完全不能賣空，就算允許賣空，其成本也遠高於買入；這就像你要做一件困難且成本很高的事情，如果不是絕對看好結果，是不會出手的。所以，在賣空有約束的條件下，股票將由出價最高的樂觀者得。

因此，米勒假說認為，當市場最終達到平衡的時候，股票價格一定是被高估的，它反映的是樂觀者的情緒，由樂觀者獲得所有股票，而不是像理性理論預期的那樣，股價會準確反映投資人的平均預期。

米勒假說還有兩個推論。第一個推論是，投資人的意見分歧越大，股價高估越嚴重；第二個推論是，越是難賣空的股票，股價高估越嚴重。

總之，投資人之間存在意見分歧是交易量產生的原因，因此，米勒假說被認為是價量關係的經典理論。

米勒假說對價量關係的指導意義

那米勒假說對投資實作有什麼樣的指導意義呢？

首先，它讓我們認識到股價有泡沫是常態。根據米勒假說，股價反映的不是投資人的平均預期，而是樂觀者的預期。我們不能僅憑基本面分析市場，了解投資人的心理和行為對於投資實作至關重要。

其次，投資人需要注意的是：越是交易放量，即股票交易量變大，越要警場泡沫的存在，原因在於米勒假說的第一個推論。

再者，投資人還要注意那些特別難賣空或缺乏流動性的市場和證券，原因在於米勒假說的第二個推論，如果在賣空有限制的情況下還存在放量，則股價泡沫會特別嚴重。標準普爾500指數是記錄美國五百家上市公司的一個股票指數，研究發現，二〇〇一到二〇〇五年，在這五百家上市公司中，一百支賣空成本最高的股票平均年報酬率為8％，而一百支賣空成本最低的股票平均年報酬率高達14％，可見賣空約束對收益有很大影響。所以，面對那些賣空成本很高的股票，你應該尤其慎重。

根據量的變化對價格預期：利多出盡是利空

理解了米勒假說以及如何判斷市場泡沫，投資人應該在什麼時候買進、什麼時候賣出呢？

解決這個問題只需記住一點：利多出盡是利空。這個說法在股票市場上廣泛流傳，其理論背景與價量關係理論有關。

二〇〇九年，伯克曼等人在《金融經濟學期刊》上發表了一篇著名的文章——《新聞一出就要賣》（Sell on the News），這個標題來自一句英語諺語「Buy on the rumors, sell on the news」（謠言起則買，新聞起則賣），這句話的意思是：如果一件事還在傳聞階段，則應該買入；如果已經落實且發佈消息了，則應該賣出。這就類似於我們常說的：利多出盡是利空，利空出盡是利多。

這個結論是伯克曼等人透過實證獲得的，他們根據米勒假說，在上市公司年報、季報公布的時間，按照投資人的意見分歧和賣空約束指標構建對沖組合：買入股價最高估組並賣出最低估組，觀察該組合在公告日前後共二十一天的報酬率變化。研究發現：該組合在盈餘公告日之前，對沖投資組合的買入且持有收益逐步提高，到公告日前一天，報酬率達到頂點；公告日當天，報酬率迅速回落，隨後逐步降低。這個結果說明，投資人對公司的盈餘公告最為關注，在公告發布之前，大家競相猜測。換句話說，在傳聞期，投資人的意見分歧達到最大，股價被極度高估；隨著公告的發布，謠言變成新聞，投資人的意見分歧迅速消失，股價回落。這就支持了那篇文章的標題：「新聞一出就要賣」。

既然「謠言起則買」，在投資人意見分歧最大的時候，股價會被極度高估，那我們能從哪些具體資料看出投資人的意見分歧程度呢？

該篇文章提供了可以衡量投資人意見分歧程度的五個量化指標，分別是：公司收入波動、股票收益波動、分析師預測差異、被股票研究資料庫收錄的時間長短以及周轉率。在這些指標中，周轉率（交易量除以流通股數）是最為穩健且簡單的指標，周轉率與價格的關係即價量關係，也就是說，在周轉率下降前可以買入，在周轉率快速下降時則應該果斷賣出。

新聞、關注度、輿情與投資決策

意見分歧產生的原因是投資人的情緒。米勒假說對於價量關係的指導意義在於，讓投資人明白股票等資產價格有一個重要影響因素——投資人的情緒。投資人受情緒影響，樂觀時願意買、悲觀時願意賣；這種情緒決定了投資人之間意見分歧的程度，也決定了交易量，而交易量在賣空有約束的條件下可以用來預測價格走向。

實際上，投資人的情緒可以預測，大量研究顯示，投資人的情緒受新聞報導的影響，影響因素包括新聞報導的內容、方式、次數等，也就是說，報導什麼內容、用什麼版面報導、是否出現在排行榜上、報導幾次，這些都會影響投資人的關注度，進而影響他們的決策。比如，登上《華爾街日報》排行榜的基金，比與之差不多但未上榜的基金，季度資金流增加了31%。

因此，我們可以透過觀察、分析新聞報導或排行榜來預測投資人的情緒，並據此預測交易量，進而知道什麼時候該買、什麼時候該賣。

▼**重點整理**

1 交易量反映的是投資人的意見分歧程度，交易量越大，代表意見分歧越大。

2 米勒假說認為，當市場最終達到平衡的時候，股票價格一定是被高估的，它反映的是樂觀者的情緒，由樂觀者獲得所有股票。

3 米勒假說的兩個推論。第一個推論是，投資人的意見分歧越大，股價高估越嚴重；第二個推論是，越是難賣空的股票，股價高估越嚴重。

4 衡量投資人意見分歧程度的五個量化指標，分別是：公司收入波動、股票收益波動、分析師預測差異、被股票研究資料庫收錄的時間長短以及周轉率。

價量關係理論二：

大笨蛋理論——你參與了股票市場的擊鼓傳花

價量關係的另一個重要理論是「大笨蛋理論」（"Greater Fool" Theory，也稱博傻理論），理解了這一理論，你就會明白市場上的人為何偏愛短期快速交易，還會了解「擊鼓傳花」（編按：中國民間遊戲，別名傳彩球）式的短期交易行為將使價格偏離基本面到何種程度，這種類型的投資有何風險以及你應該怎麼做。

大笨蛋理論

投資的時候，你更傾向於做長期價值投資，還是短期頻繁交易？

傳統金融學教人們堅守長期價值投資，但在真實市場中，大多數投資人仍然偏愛短期交易，這種現象可以用大笨蛋理論解釋。

大笨蛋理論是哈里森（Harrison）和克萊普斯（Kreps）在一九七八年提出的，它關於價量關係的結論比米勒假說更為「激進」，認為在均衡時，股票價格會超過所有人的預期，包括樂觀者；該理論認為，短期內交易越頻繁，資產價格越高。

這是為什麼呢？我們可以把股票投資想像成擊鼓傳花遊戲，每個人對股票價格都有自己的判斷，都可以向下一個人拋出自己的股票。假定大家對股票的價值有意見分歧，有人悲觀，有人樂觀，但都認可一個觀點：從長期看，這檔股票應該值兩百元。但從短期看，情況就不同了，如果你認為有人會在短期犯傻，也許可以以三百元的價格賣給他，那你現在就願意用兩百五十元的價格購買這檔股票。從理性角度看，股票的長期均衡價值為兩百元，而你現在卻用兩百五十元買它，那你真是個「傻瓜」；但你之所以願意做「傻瓜」，是因為預測到還有比你「更傻」的人。

大笨蛋理論的關鍵點：快速交易

大笨蛋理論的關鍵在於快速交易，要快速將手中的股票轉讓出去，只要那朵「花」不落在自己手上，就有可能從「更傻」的投資人那裡獲得收益；過程中，投資人如果堅守價值投資理念，始終將股票拿在自己手中，長期堅持，等到股價最終回落，就成了真正的傻瓜。在真實市場中，人們之所以偏愛短期投資，是因為沒有人願意也沒有人敢做那個傻瓜。

大笨蛋理論可以解釋金融市場的很多現象。有一個極端的案例，能讓你了解人們在真實市場中如何犯傻。

權證的末日瘋狂——投資市場的擊鼓傳花

中國股票市場曾出現過一個著名現象——權證的末日瘋狂，一種完全沒有價值的權證居然出現了很高的成交價，這是怎麼發生的呢？

權證實際上是一種期權，有兩種形式。第一種形式是認購權證，指投資人未來能以某個價格購買股票的權利，舉個例子，如果一檔股票的股價為一百元，在未來，投資人能以一個履約價為八十元的認購權證購買這檔股票，所以權證是有價值的。第二種形式是認售權證，指投資人未來能以某個價格出售股票的權利，舉個例子，如果一檔股票的股價為一百元，在未來，投資人能以一個履約價為一百二十元的認售權證出售這檔股票。

以上兩種權證立即申請履約都會產生正價值，這被稱為價內權證。同時，權證也可以是價外的，指如果立即申請履約，會產生負價值的權證，例如一個以八十元的履約價買一支股價為六十元的股票的認購權證，就是價外權證。有的人可能會問：用八十元買價格為六十元的股票，這不是虧了嗎？價外權證為何還有人交易？這是因為權證還沒有到期，股票的價格還在波動，萬一股價從六十元漲到一百元，價外權證就有可能變為價內權證。所以，權證的價值由立即申請履約的內在價值和時間價值構成。

而在權證交易的最後一日，權證的時間價值已經耗盡，再加上內在價值為負，因此，此時價外權證沒有任何價值。然而當時的實際情況是，這種連一厘錢（〇．〇〇一元）都不值的價外權證，竟然出現了〇．一元的非理性高成交價，這種現象被人們稱為「權證的末日瘋狂」。

有學者用大笨蛋理論解釋了這種現象，按照大笨蛋理論，誰都知道價外權證在末日交易時分文不值，所以用幾厘錢甚至幾分錢的價格去買這種權證，那真是「傻瓜」才會做的事。但是，只要投資人相信還有「更傻」的人接盤，就會用非理性的高價買入，然後快速賣給那些「更傻」的人，這就像一個擊鼓傳花遊戲，只要快速交易，讓那朵花不落在自己手上，就可以賺錢。

倒楣的其實是最後那個人，但人在決策時都會過度自信，有誰會認為自己是那個最後的傻瓜呢？

如何辨別擊鼓傳花遊戲

那在真實而複雜的股市中，我們該如何辨別這種擊鼓傳花的大笨蛋遊戲呢？大笨蛋遊戲的進行有兩個條件。

第一，交易速度快。大笨蛋會出現在短期快速交易中，因為所有人都認為股價相對於長期價值被高估了，但在短期來看是合理的，所以交易速度快被放在第一位—每個人都不想讓那朵花落在自己手裡。

第二，交易量大。因為每個人都採用動態策略，在短期內大量交易，以避免那朵花落在自己手上，所以短期越是放量，則向「更大的傻瓜」再售期權的價值就越高，價格泡沫就越嚴重；持續的交易量是度量投資人情緒的重要指標。

由此可見，「大笨蛋遊戲」需要流動性，流動性越強的市場或證券，其價格越可能被高估。而在流動性受限制的情況下，比如實施熔斷機制（股價波幅達到規定的熔斷點時，交易所為控制風險採取的暫停交易措施）的市場或流動性較差的證券，由於在短期內難以成交，投資人再售期權的價值小，價格泡沫也就不會那麼嚴重。

大笨蛋遊戲的市場影響

大笨蛋遊戲導致的擊鼓傳花式快速交易，會在市場上製造價格泡沫，蘊藏著巨大的風險。

對投資人來說，大笨蛋遊戲鼓勵短期行為，因為從長期看價格泡沫很明顯，所以沒有人願意進行長期投資。大家之所以參與到這個有泡沫的市場中來，是希望透過資訊和交易優勢從別人手中攫取財富。然而，一旦那朵花落在自己手上，將產生巨大的風險。

對整個金融市場來說，擊鼓傳花式的快速交易行為沒有任何好處；金融市場的主要功能是為實體經濟進行市場化的資源配置。然而，如果投資人熱衷於快速交易，那麼資金就會從一個人的口袋轉移到另一個人的口袋，而不會被注入實體經濟中，所以對整個市場來說，投資人的大笨蛋行為具有較強的破壞作用。要想讓資金從金融市場回流到實體經濟，還是要鼓勵長期投資行為。

理解大笨蛋理論能幫我們進一步認識股票市場，大笨蛋理論揭示：長期持有資產、放著不動並不是個好策略，因為資產的均衡價格在任何時刻都可能是被高估的，長期持有就相當於把那朵花留在自己手上，讓自己成了那個最傻的人。

需要注意的是，擊鼓傳花式的快速交易不是偶發現象，它可能是金融市場的一個常態。在以個人投資人為主體的中國金融市場中，個人投資人比機構投資人更加不理性、操作更頻繁、交易行為更短期，這會導致更嚴重的價格泡沫，資產泡沫對整個金融市場非常不利。這一現象對個人投資人的意義在於：要充分意識到長期持有的風險，不可盲目照搬價值投資理念，同時儘量避開放量的股票。

▼**重點整理**

1 大笨蛋遊戲的進行有兩個條件：第一，交易速度快。第二，交易量大。

2 長期持有資產、放著不動並不是個好策略，因為資產的均衡價格在任何時刻都可能是被高估的，長期持有就相當於把那朵花留在自己手上，讓自己成了那個最傻的人。

Chapter

6

行為金融交易策略

如今，很多研究行為金融學的教授都投身於投資實作，他們之所以能打敗市場，靠的正是行為金融交易策略。

因為制定交易策略需要大量資金，所以這些策略主要是專業投資機構在使用，個人很難完全複製。即便如此，我依然會徹底打開黑箱，帶你看看這些賺錢的機構是如何操作的；理解專業機構的獲利機會和構建策略的方式，對個人投資也會有所啟發。

交易策略如何獲利：
利用人們的錯誤

行為金融學特別適合實戰。有這麼一個段子：如果你想找一位研究傳統金融學的學者，應該去大學，推開金融系的門就能見到；如果你想找一位研究行為金融學的學者，應該去華爾街，一流的行為金融學學者會利用學術假期到投資市場做顧問，或者創辦自己的投資公司。

不僅如此，金融市場也一直緊盯行為金融學的研究成果，哪怕是純學術的研討會，只要是行為金融學專場，會場裡都會擠滿來自華爾街的人。這些華爾街專業人士來聽什麼呢？他們想知道，學術界有沒有研究出新的可獲利的交易策略，希望先行一步拿到這些策略，好去市場上博取投資先機。

美國的 LSV 基金公司（LSV Asset Management）就是最典型的代表，它的三位創辦人拉孔尼修克（Lakonishok）、西勒佛（Shleifer）和維西勒（Vishny）都是行為金融學教授，他們分別來自伊利諾大學、哈佛大學和芝加哥大學。這家基金公司成立於一九九四年，管理著一千一百六十億美元的資產，其資金規模遠超中國大型非貨幣型基金管理公司，但它只有四十多名員工，其員工人數遠少於國內基金公司動輒近千名的員工數量。

為什麼這麼少的人能管理如此龐大的資產？

傳統基金公司會根據產業和公司分配研究員，然後進行深度調查研究並撰寫報告；一個研究員能負責的公司數量有限，因此建立一個傳統的投資和研究團隊，需要很高的人力成本。

而 LSV 基金公司基本上不依賴於去上市公司做調查，公司的投資決策以創辦人及員工的研究成果為基礎；該公司員工在二十多年間撰寫了兩百多篇學術論文，用自己的理論來引導投資實作，依靠自主研發的策略模型，他們獲得了穩健的收益。可見，要想利用行為金融交易策略獲利，就得用理論引導實作；這裡的理論並非道理，而是利用心理學原理，透過大量市場資料建構出來的交易策略。

接下來，我們一起來揭開行為金融交易策略的神秘面紗。

什麼是行為金融交易策略？

簡單地說，行為金融交易策略就是利用行為金融學原理制定的交易策略。傳統金融學認為，不可能有持續戰勝市場的交易策略；而行為金融學則認為，有效的交易策略能夠打敗市場，進而使投資人獲得超額收益。

那麼，運用行為金融交易策略能取得超額收益的原因是什麼？本質上，這種交易策略是透過利用普通投資人的錯誤（相對於理性決策）構建的。所以，這種策略成功需要以下三個條件：

第一，投資人要犯錯。在認知、決策和交易的各個環節，大多數投資人都會犯錯；他們的錯誤是系統性的，會使價格產生錯誤，也就是價格不等於價值。價格有時會被高估，有時會被低估，價格錯誤是行為金融交易策略的前提條件。

第二，需要做出與犯錯的投資人方向相反的操作。所謂「別人恐懼的時候我貪婪，別人貪婪的時候我恐懼」，說的就是這個道理，別人都買入的、大家都喜歡的類型，價格會被高估，那在行為金融交易策略中就應該賣出；別人都賣出的、大家都不喜歡的類型，其價格會被低估，在行為金融交易策略中就應該買入。

第三，從長遠來看，價格要向理性的方向收斂。如果低估的永遠被低估，高估的永遠被高估，價格得不到糾正，那策略就無法產生獲利。

LSV 基金公司就是透過這樣的方法，在幾十年的時間裡持續獲得超額收益。透過它的操作，我們也能發現行為金融交易策略的兩大優勢：

第一，節約成本。LSA 基金公司透過建構可靠的策略模型進行投資，甚至可以不依賴去上市公司做調查，就能獲取比較穩健的收益；以前動輒上千人才能完成的投資業績，現在幾十人就能完成。

第二，人為干預少，因而可以有效控制風險。本質上，這種交易策略是找到價格與價值偏離的證券，並反向投資。每個組合策略都要花費很長時間建立模型，但模型一旦確定就不再隨意調整，這樣做的好處是，既利用其他人的行為偏差建立模型，同時又限制了自身的行為偏差，不容易使交易受損。

行為金融交易策略會一直有效嗎？

為什麼 LSV 基金公司的研究人員要一直發表論文？華爾街的投資人們為什麼要密切關注學術界的研究成果？這其中涉及一個很重要的問題：行為金融

交易策略是否會一直有效，它的有效期是多長？實際上，沒有任何一種交易策略會持續有效，它們都只是在一段時間內有效——短則幾個月，長則十幾年。原因在於，行為金融交易策略本質上是利用別人的錯誤進行反向操作，隨著這些錯誤越來越多地被市場人士了解，據此反向操作的人會越來越多，犯錯的人會越來越少。所以，策略一旦公布，它的效用就會衰減。

有關交易策略的研究，就是在不斷尋找獲利的新方法。華爾街的投資人之所以對學術界的新動向趨之若鶩，就是因為學術研究強調嚴謹性、規範性和穩健性，尤其是那些發表在頂尖學術期刊上的研究成果，有明確的理論支持、策略乾淨、控制了風險和成本、經過了各種穩健性檢驗，因此結論可信；這樣可信的研究成果，越早用來建構投資策略，其獲得的收益越高。

一些像 LSV 基金公司這樣的行為金融基金也在做研究，不斷研發出可以獲利的新策略。可以想像，那些正在使用的有效方法不太可能被發表出來，新的研究成果通常會先被研究者自己使用，等他們賺夠了錢，策略不太管用的時候才會被發表。

那麼，舊策略失效後，新策略如何反覆運算？除了研發新的獲利因子以外，還有一個常用方法——把原來單獨的獲利因子複合起來使用。後面的內容將介紹建構組合的一般方法，以及一些到目前為止依然有效的單獨獲利因子。此外，一些發表過的研究成果雖然在某些成熟市場失效，但仍有可能在發展中市場發揮作用。

行為金融交易策略適用於所有市場嗎？

行為金融交易策略是不是適用於所有市場呢？它是在美國等先進市場更管用，還是在中國等發展中市場更管用？

答案是：行為金融交易策略尤其適合在發展中市場使用，因為採用這種交易策略需要有大量的投資人犯錯，他們的錯誤會影響資產的定價，這樣才可以利用錯誤的價格進行反向操作。美國市場有90％的機構投資人，他們的行為相對理性，犯錯的可能性小；而中國市場有80％以上的個人投資人，各種行為偏差在中國市場都能充分體現，所以不少鼎鼎大名的國外行為金融學家，都會選擇到中國市場進行實作。

▼重點整理

1 交易策略成功需要三個條件：第一，投資人要犯錯。第二，需要做出與犯錯的投資人方向相反的操作。第三，從長遠來看，價格要向理性的方向收斂。

2 行為金融交易策略本質上是利用別人的錯誤進行反向操作，隨著這些錯誤越來越多地被市場人士了解，據此反向操作的人會越來越多，犯錯的人會越來越少。所以，策略一旦公布，它的效用就會衰減。

行為組合策略原理：

為何會有「免費的午餐」？

看清楚行為金融交易策略的黑箱之後，你還需要了解建構行為組合策略的一般原理和具體步驟，這樣一來，當你把錢交給行為金融基金的時候，就能知道它們是怎麼賺錢的。

獲利的來源：是風險還是能力？

你在投資的時候，有沒有一種很直觀的感受，越賺錢的投資風險越大？假設你和另一個人比拚投資業績，你的收益不如他，要想快速超趕，你該怎麼做？

很多人覺得，做法很簡單——提高風險，就能提高收益。具體來說，就是配置高風險產業的資產或集中投資就可以了；如果對手買了股票，買了債券，還把一部分資金儲蓄在銀行，風險很分散，那你全買股票就好了。

這就是傳統金融學的基本原理：風險收益對應論。傳統金融學認為，金融市場上沒有免費的午餐，所有收益一定來源於風險，所以要想提高收益，就只能把風險拉高。但行為金融學透過建構策略打破了這種法則。

思考一下，如果透過提高風險的方法提高收益，那是你的能力嗎？當然不是。這是資本市場本應給你的，你承擔了更多風險，當然應該獲得更多回報。那該怎樣比拚，你的業績提升才源於能力呢？答案是：風險沒有增加，收益卻提高了。

行為金融交易策略的本質在於，它可以找到一些方式，使你在不增加風險的前提下取得更多獲利。

免費的午餐——異象

這種現象相當於「免費的午餐」，學術領域有一個專門的名詞形容它——

異象，指的是違背傳統金融學中風險收益對應論的異常現象，也就是說，不承擔風險卻能獲取收益的現象就是異象。

實際上，行為金融交易策略就是在尋找這種異象機會。那些能夠獲得超額收益的異象因子，是各家行為金融基金的高度機密；它們依靠這些異象因子賺錢，所以沒有人會透露自己正在使用的異象因子是什麼。

別擔心，下面我就為你介紹異象應該怎麼找、怎麼用。其實，獲得異象並不難，它們往往來自於單純的投資經驗，可以說，有一定經驗的一般投資人，都能根據直覺發現異象因子。

比如，你可能覺得分紅多的股票投資收益比較好，那麼高分紅就是一個特徵，可能成為異象因子；你覺得霧霾少的地區的上市公司的股票比較好，那麼霧霾少也是一個特徵，可能成為異象因子；如果你覺得有些產業的股票比較好，那麼產業也是一個特徵，可能成為異象因子。國際著名行為金融基金LSV，就曾用過股價短期慣性的動量因子、股票估值低廉的價值因子來制定策略，取得了非常好的收益。

尋找異象因子的難點在於，如何驗證真假；要想判斷某些特徵是不是可以用來獲利的異象因子，需要進行檢驗。

我在第二章「資訊回饋階段的認知偏差」中提過一種認知偏差——迷信制約，指的是人們以為兩件事情有因果關係，但其實它們根本沒關係。你發現的某種特徵很可能是這樣一種情況：比如你多次買入具有同一特徵的股票，都賺了錢，於是你以為這種特徵可以產生超額收益。但實際情況可能是，你選擇的這種特徵只是承擔了風險，或者獲利只是偶發事件。

所以，你找到的特徵是否真能用來制定穩健的策略，要透過一定的方法檢驗。檢驗的目的是，看看在排除策略中含有的風險後，是否還能保證穩健的收益。

如何檢驗異象因子？

專業機構一般會用以下四個步驟來檢驗：

第一步，對市場上的所有股票進行排序。專業機構會按觀察到的能夠獲取超額收益的特徵對其進行排序，比如，若專業機構認為「小公司股票收益更好」，就可以按「市值」這個特徵對市面上的所有股票進行排序。

第二步，把排序好的股票十等分。當然，也可以根據資金量進行二十等分、五十等分，甚至一百等分。

第三步，建構對沖組合。買入覺得被低估的，即未來收益好的那個等分組；賣空覺得被高估的，即未來收益差的那個等分組。以公司規模為例，如果專業機構認為小公司股票收益更好，那就買入十分之一最小規模公司的股票，賣空十分之一最大規模公司的股票。

第四步，檢驗組合風險，檢驗買入端和賣出端在收益上的差異是不是因為風險產生的。檢驗組合風險需要用到因子模型，後文會專門介紹這一內容。總之，如果收益不是因為風險產生的，那麼這個特徵就是「真異象」，專業機構就可以用它持續投資、取得獲利。無論哪種行為組合策略，以上步驟都是最基本的建構方法，幾乎所有行為金融機構都會按照這種方法，檢驗自己觀察到的異象是否為真。

思考一下，以上步驟的原理是什麼？

如果用公司規模這個「特徵」排序，為何在買入小公司股票的同時還要賣空大公司股票呢？這是為了控制系統性風險。試想一下，如果單買小公司的股票，一旦小公司股票的價格都下跌了，就會產生系統性風險。

實際上，專業機構並不是賭小公司的股票一定會漲，它的本意是小公司股票比大公司股票漲得好。所以，投資機構在買入小公司股票的同時賣空大公司股票：在股票市場整體上漲時，小公司股票表現比大公司好，策略可以獲利；在股票市場橫盤不動時，小公司股票表現也比大公司好，策略還是可以獲利；在股票市場整體下跌時，小公司股票表現還是比大公司好，策略仍然可以獲利。

無論大盤好壞，很多機構都能賺錢，正是因為採用了上面的方法。而大多數個人投資人遇到大盤變差，馬上賠得血本無歸，就是不懂得用這種方法對沖風險。

再思考一下，行為組合策略為何要買一組小公司股票，而不是一支呢？因為每檔股票的漲跌情況和漲跌幅度各不相同，買一檔股票具有非系統性風險，因此需要透過買一組股票分散這種風險。

按上述方法建構的組合策略，透過一買一賣，也就是套利，規避了系統性風險；又透過買入（賣出）一組股票，規避了非系統性風險。這樣一來，整個組合既沒有系統性風險，又沒有非系統性風險，總風險很小。

如果你的直覺正確，即找到的特徵能夠透過風險檢驗，證明確實不存在風險，那麼運用相應的組合策略就很有可能獲得超額收益，你可以在一段時間內用這個異象賺錢。

需要注意的是，沒有任何一種異象能夠持續發揮作用。隨著越來越多的人知道它，它的效用會衰減。所以，不斷尋找可以獲利的新異象，或者把原來單獨的獲利因子複合起來使用，就顯得尤為重要。

▼重點整理

1 專業機構一般會用四個步驟來檢驗異象因子：

第一步，對市場上的所有股票進行排序。

第二步，把排序好的股票十等分。

第三步，建構對沖組合。

第四步，檢驗組合風險，檢驗買入端和賣出端在收益上的差異是不是因為風險產生的。

2 每檔股票的漲跌情況和漲跌幅度各不相同，只買一檔股票有非系統性的風險，因此需要透過買一組股票分散這種風險。

規模溢價和價值溢價：

買小公司股票和便宜的股票

根據規模溢價和價值溢價制定的投資策略，是最經典的交易策略，投資人運用這兩種策略，不用承擔風險就能獲得收益。這兩種策略也是最早被發現、在實作中最常用、在理論界影響最大的交易策略。

規模溢價：小型股異象

很多投資異象都源於投資人單純的經驗或感覺，比如，你會不會覺得小公司的股票收益更高？在學術領域有一個專門的詞語「規模溢價」來形容這種現象，「小公司的股票收益更高」也是行為金融學中第一個被發現的異象。

一九八一年，金融學家本茲（Banz）首先發現了小公司股票的收益總是比大公司股票的收益高，這種異常現象被稱為「小型股異象」，這裡的「異常」

是針對傳統金融學的「正常」而言的。傳統金融學認為，買股票最好是隨機配置，也就是市場上所有股票都買一點，這樣風險最分散、收益最優。而小型股異象則告訴我們，只買小公司股票，比在大、小公司股票之間隨機購買收益高。

如果小型股異象真的存在，那制定策略就變得非常簡單。根據前面介紹的構造策略的一般步驟，將股票按公司規模從小到大排序，買入規模最小的十分之一組公司的股票，賣掉規模最大的十分之一組公司的股票，這樣整個組合沒有風險，還能取得超額收益。

傳統金融學家認為，行為金融學之所以得出小型股異象的結論，是因為樣本太少或計算有偏差。於是，諾貝爾經濟學獎得主——芝加哥大學的法瑪教授，聯合肯尼斯．佛倫奇（Kenneth French）教授重新對規模溢價做了檢驗，他們不但把研究樣本涵蓋的時間拉長到從一九六三年至一九九〇年將近三十年的時間，還擴大了樣本涵蓋的範圍，把美國三個交易所的所有股票全部納入分析。

結果出乎意料，他們不但沒有推翻行為金融學的結論，反而再次驗證了這個異象。在他們的實驗中，透過買入小公司股票並賣掉大公司股票的簡單策略，竟然獲得了每月0.74%的收益，年化報酬率超過8%。要知道，在美國這個成熟的市場上，能夠獲得2%左右的穩定收益都很難。無風險的組合能取得如此高的收益，而且這個結果是由傳統金融學的權威人物透過大樣本研究得出的，於是，規模溢價被大家認可為傳統金融理論難以解釋的「異象」。

那這個異象是不是只在美國市場存在呢？

並不是。本茲提出規模溢價後，引起了全世界學者的廣泛關注，學者們在不同國家的股票市場上都做了檢驗，發現這些市場存在不同程度的類似現象。

規模不同的公司，其股票收益確實不一樣，小公司的收益更高，這就是著名的「規模溢價」，也是最早在金融市場發現的收益異象。

價值溢價：價值股異象

了解了規模溢價的策略，接下來我們再看一種思想更古老、使用更廣泛的策略——價值溢價策略。

很多人都聽說過「華爾街教父」班傑明．葛拉漢（Benjamin Graham），價值溢價策略的起源就與他有關；葛拉罕寫的《證券分析》是所有股票投資人的入門必讀書，因此他也被尊稱為「證券分析之父」。

葛拉罕最有名的觀點是「高舉價值投資大旗」，意思是價值投資能給予投資人最優回報。

簡單地說，價值投資就是買價值股，而價值股就是便宜股。下面請你做個小測試：第一種情況，價格為一百元的股票和價格為五十元的股票，哪支更便宜；第二種情況，二十倍本益比的股票和十倍本益比的股票，哪支更便宜？

答案是：在第一種情況下，兩檔股票無法比較；在第二種情況下，十倍本益比的股票更便宜。

便宜是一個相對的概念，是價格相對於股票的基本面而言的，所以我們無法比較價格為一百元的股票與價格為五十元的股票哪支更便宜。而本益比是股票市價與每股盈餘的比率，所以十倍本益比的股票比二十倍本益比的股票便宜。

繼葛拉漢之後，也有相當多的研究揭示，買入價值股比買入成長股所獲得的收益更高。與價值股相反，成長股指的是昂貴的或本益比高的股票。

如果價值股收益更高，那制定策略也會變得非常簡單。於是，傳統金融學家又不認同了。一九九二年，法瑪和佛倫奇又把價值溢價用更大的樣本重新檢驗了一遍，歷史再次重演，他們發現運用價值溢價的策略竟然可以獲得超額收益：買入十分之一的價值股組合，同時賣掉十分之一的成長股組合，每月可以獲得 1.53% 的收益，年化報酬率超過10%。

如何解釋規模溢價和價值溢價？

傳統金融學家的檢驗也證明了異象確實存在，這完全違背了傳統金融學的基本原理：風險收益對應論。這該如何解釋？

關於規模溢價和價值溢價，傳統金融學家和行為金融學家給出了截然不同的解釋。

傳統金融學家認為，規模和價值可能代表某種不可知的系統性風險，但他們並未明確指出究竟是什麼系統性風險。法瑪和佛倫奇將規模溢價和價值溢價這兩個異象因子放進了資產定價模型中，強調這是兩個未知的風險因子，連同CAPM模型中代表總體經濟風險的大盤因子，提出了著名的三因子模型。迄今為止，三因子模型是金融學領域引用率最高的研究成果之一。

而行為金融學家認為，規模溢價和價值溢價是投資人的行為錯誤所致，可以利用這兩種異象建構組合策略，用於投資實戰。

規模溢價，追根究底是因為投資人錯誤地估計了小型股的價值，進而不喜歡這種類型的股票。在美國，投資人以機構為主，由於小型股的流動性不夠，所以只有一些封閉式基金願意持有小型股，大型機構不太願意持有流動性較差、業績較差的小型股，這就造成了小型股的溢價現象。

價值溢價的出現也是出於類似的原因。價值股指的是本益比或股價淨值比較低的股票，也就是成長性不太好的股票；由於投資人往往追逐高成長股，所以會低估價值股。例如在同等情況下，一家好公司的股票值二十元，一家差公司的股票值十元，好公司比差公司的業績好，所以其股票價值更高，這時投資人會追捧好公司的股票，從而很可能導致其價格上漲到三十元；而差公司的股票則無人問津，很可能股價已經跌至五元。所以，價值投資策略的思路是買入差公司的價值股，原因在於它的價格被低估了，等到未來價格向價值收斂時，價值股將能獲取高收益。那麼，中國投資市場也是一樣嗎？

正如前文所述，行為金融交易策略成功的基本原理是反向操作——買入別人都不喜歡的，賣空別人都喜歡的。中國市場和美國市場不太一樣，因為中國投資市場以散戶為主，中國投資人對大小型股的偏好與美國不同。曾任中國證監會主席的郭樹清說過：中國的投資人喜歡炒新、炒小、炒差。其中，炒小指的就是炒作小型股，所以規模溢價的策略在中國很有可能效果不好，但價值溢價的策略在中國市場卻很適用，因為投資人都追逐高成長性股票這一市場環境是一樣的。

▼重點整理

1 規模溢價，是因為投資人錯誤地估計了小型股的價值，進而不喜歡這種類型的股票。

2 價值溢價，價值股指的是本益比或股價淨值比較低的股票，也就是成長性不太好的股票；由於投資人往往追逐高成長股，所以會低估價值股。

如何好好使用股價規律：

跌久必漲還是動能效應？

在金融市場上，除了上述兩種最經典的交易策略，其他各種行為組合策略也層出不窮。但無論什麼策略，幾乎都是從股價和基本面出發制定的，股價和基本面是分析股票的最基本因素。

那麼，投資人有沒有可能不看基本面，僅憑股價走勢制定策略呢？答案是肯定的。股票的價格走勢確實具有一定的規律性，而且投資人可以據此制定穩健的交易策略。接下來我將為你介紹，如何從股價中看出規律、如何利用規律制定策略、在什麼情況下應該順勢而為、在什麼情況下需要反其道而行。

實際上，大多數股票投資人都會看技術分析，技術分析就是分析股票價格走勢的規律性。但問題是，大多數技術分析指標其實並不可靠，因為它們背後沒有理論支撐。

然而，在這些價格規律中，有兩種是可靠的：長期反轉效應和動能效應。

長期反轉效應

一九八四年，諾貝爾經濟學獎得主理查·塞勒和他的合作者沃納·德柏特（Werner De Bondt）最早發現了股票在漲漲跌跌中，長期而言具有一定的規律性，即「漲久必跌、跌久必漲」。

炒股票的人大概都知道這個道理，但很多人沒有發現，這八個字的關鍵在於「久」，如果投資人不能準確預測時間長短，懂得這個道理也沒有意義。我們經常在股市中看到，有的人看股票跌了兩個月了，覺得差不多夠久了，於是信心滿滿殺進去，結果卻被套了。那應該怎麼做？正確的做法是買跌的時候，不要買剛跌不久的股票，而要買跌了很久的股票。塞勒和德邦特就利用這個規律制定了交易策略，他們用紐約證券交易所一九二六到一九八二年的樣本，按照之前三年股票的表現進行排序，買入三十五支虧得最狠的股票，同時賣空三十五支漲得最好的股票，結果發現，運用這種策略平均每年可以獲得8%的高額收益。

跌久必漲，這裡的「久」到底指多長時間呢？在美國市場基本上是三年。在中國市場，這個道理雖然同樣適用，但表現出來的時間長短不太一樣——一般短於美國市場，我們團隊測出來的結果是一年半左右。

為什麼在不同的市場，這個時間長度不一樣呢？因為投資人的理性程度不同，中國市場以個人投資人為主體，短期行為更加嚴重，所以會縮短長期價格規律的時間。

塞勒和德柏特運用的策略就是著名的長期反轉策略，顧名思義，就是要與過去的表現反著操作，買跌賣漲。

在眾多技術分析指標中，「漲久必跌、跌久必漲」可謂是最簡單的價格規律，所以，交易策略往往來自於非常單純的直覺，並不需要多麼複雜的指標。

長期反轉策略的行為金融學基礎——過度反應

雖然這個規律很簡單，但任何行為金融交易策略都必須找到理論依據，否則它很有可能只在樣本內適用，經不起實際市場的檢驗。那麼，長期反轉策略的行為金融學理論基礎是什麼？

「買跌賣漲」的長期反轉策略利用了投資人過度反應的心理偏差，過度反應會使股票價格被高估或低估。

導致投資人過度反應的心理學原因在第二章詳細介紹過。

一種原因是投資人在資訊加工階段的代表性偏差，比如當股票的某些特徵（高成長性、大比例分紅、登上排行榜等）出現時，投資人往往會忽略其他資訊而立即做出決策，從而導致過度反應。

另一種原因是投資人在資訊輸出階段的過度自信，過度自信的投資人過於相信自己的判斷，這也會導致過度反應。

長期反轉策略正是利用了投資人的這種非理性心理，某些股票被過度追捧或過度忽視，於是產生了股價過高或過低的現象。長期反轉策略利用了股價高低兩頭的極端錯誤定價，放棄中間部分，與投資人的過度反應反向操作，並期待股票價格向價值回歸。

動能效應

介紹完了股票價格長期會反轉的特性，再來看看股票短期的價格特徵。股票的短期表現與長期完全相反——具有慣性！也就是原來漲的還會漲，原來跌的還會跌，所以短期交易策略為「追高殺低」。

動能效應，也稱慣性效應，是傑格迪什（Jegadeesh）和提特曼（Titman）在一九九三年首次提出的。

他們將一九六三到一九八九年紐約證券交易所交易的股票按六個月前的收益排序，然後對其進行十等分，接著買入漲得最好的那一組，同時賣空虧得最慘的那一組，結果發現，使用這一策略每年能獲得高達10%的收益。

這就是著名的動能效應，諾貝爾經濟學獎得主法瑪甚至將其稱為「祖師爺級別的異象」，「祖師爺」既指這一異象非常顯著、很難消除，又指它是其他一系列同類異象的根源。

動能交易策略的行為金融學基礎——反應不足

動能交易策略，即追高殺低，利用了投資人對股票市場上的資訊反應不足這種心理偏差。反轉交易策略利用的是反應過度，動能交易策略利用的卻是反應不足，那麼，究竟如何判斷反應不足與反應過度呢？答案是，根據時間長短。反轉交易策略利用的是長期價格規律，在構造組合時用的是過去三年，至少一年的業績來排序；而動能交易策略利用的是短期價格規律，在建構組合時用的是過去半年，最多不超過一年的業績來排序。

你可以把這種短期動能、長期反轉的運動規律想像成一種波浪運動，短期內股價會重複原來的價格走勢，到了長期則會反轉。

股價的這種短期動能現象非常穩健，動能效應不僅在股票市場上存在，也在外匯、期貨、債券等市場廣泛存在，而且廣泛存在於各國市場，因此才有「祖師爺級別的異象」之稱。

既然動能交易策略的行為金融學基礎是投資人反應不足，那這種反應不足是如何產生的？

洪（Hong）和施泰因（Stein）在一九九九年提出了「資訊緩慢擴散理論」，解釋了投資人為何會對資訊反應不足。傳統金融學認為，在一個有效的市場中，資訊是即時的、可得的，因此價格應該準確反映所有可得的資訊。但在實作中，投資人並不像機器人一樣能對資訊做出即時恰當的反應，有些人離資訊來源更近或對訊號更敏感，因而對資訊的反應很及時；而有些人對資訊的反應更慢，或必須先看到別人的反應才會行動，這就造成了資訊在市場上是緩慢、逐步擴散的。正如第四章「買入行為偏差」中舉的「漲停敢死隊」的例子，漲停敢死隊利用的正是股價漲停對後知後覺的投資人的吸引，投資人追逐已經漲停的股票，造成漲停的股票可能連續漲停，使股價出現慣性動能。

▼重點整理

1 長期反轉策略，利用了股價高低兩頭的極端錯誤定價，放棄中間部分，與投資人的過度反應反向操作，並期待股票價格向價值回歸。

2 動能交易策略，利用了投資人對股票市場上的資訊反應不足這種心理偏差。

3 反轉交易策略利用的是反應過度，動能交易策略利用的卻是反應不足。

利用財務報表資訊制定交易策略：

財報裡藏了什麼祕密？

股價和基本面是分析股票的最基本因素。除了利用股價規律制定交易策略，你還應該知道，如何看懂公司的基本面並利用其中的資訊制定交易策略。

有些人可能會困惑：本章開頭曾提到，行為金融學不會挨家公司做調查，那我們為什麼還要看懂公司的基本面呢？接下來我要介紹的，不是怎麼全面分析公司的基本面，而是帶你抓住兩個點：財務報表中隱藏的秘密——應計項目異象；財務報表公布時的規律——盈餘慣性效應。金融機構透過這兩點建構交易策略，能夠取得驚人的超額收益。理解了它們背後的原理，你不但能知道金融機構是怎麼做的，還能將其應用於自己的投資實作。

判斷企業獲利品質的差異：應計項目交易策略

在眾多的企業基本面資訊中，最重要的是財務報表；一張簡單的財務報表，是對企業經營方方面面的真實記錄。但也正由於所有人都相信記錄是「真實」的，很少有人認為其中有錯誤，因此只要存在錯誤，就有可能據此制定行為金融交易策略。

那麼，看似真實的財務報表可能會錯在哪裡呢？我為你介紹一個著名的反常現象——應計項目異象。「應計項目」指的是應該計入財務報表但尚未支付款項的會計項目，主要包括應收帳款、應付帳款和存貨。

一九九六年，賓州大學的會計學教授史隆（Sloan）首先發現了應計項目異象，他發現買入應計項目少的公司的股票，同時賣空應計項目多的公司的股票，可以獲得超額收益。這是為什麼呢？應計項目異象背後的原理是什麼？

如果你拿到一張財務報表，第一眼會看哪個指標？大多數人會看「每股盈餘」，它是列在交易系統首頁上的僅有的幾個財務指標之一，分析師在預測財務資訊時，參考的最重要指標也是每股盈餘。

每股盈餘反映的是每股股票對應的基本面價值，也是本益比的分母。要想做出正確的股票投資判斷，只看這個指標就夠了嗎？

當然不夠。比如，你知道每股盈餘為兩元的公司，其價值肯定高於每股盈餘為一元的公司。但是，如果兩家公司的每股盈餘都是一元，它們的價值一樣嗎？

答案是：即使獲利相同，獲利的品質也有可能不一樣，因為兩家公司的經營情況可能大不相同。所以，只看每股盈餘這個指標實際上是不夠的，你還應該看應計項目，它從側面反映了一家公司股票的真實價值，其背後的原理是：應計項目主要等於應收帳款減去應付帳款，再加上存貨。

首先看應收帳款：A公司賣出商品後，買家總不付款，這樣的收入就會計入應收帳款；而B公司賣出商品後都能收到現款。雖然兩家公司的獲利水準一樣，但獲利品質卻不同，應收帳款越多，獲利品質越差。

再看應付帳款：C公司經營狀況很好，進貨的時候可以先不付款，於是這筆賒帳就會計入應付帳款。那什麼樣的公司不能賒帳呢？經營狀況不好的。所以應付帳款越少，獲利品質越差。

最後看存貨：一般來說，好公司的存貨少，而差公司的商品賣不出去，只能計入存貨。所以存貨越多，獲利品質越差。

綜合上面三類情況，最終結果是：應計項目越高，企業的獲利品質越差。投資人在估值時，如果不仔細辨別財務報表背後的資訊，很可能做出錯誤判斷，比如對獲利相同但獲利品質不同的兩家公司，做出同樣的估值。

市場上的大多數投資人都看不清兩家公司獲利品質的差異，所以會犯同樣估值的錯誤，於是很多金融機構就會利用「應計項目高的公司未來收益會變差」這一點制定行為交易策略。

史隆教授就利用上述現象制定了一個行為交易策略，他先把所有股票按應計項目的大小排序，然後買入應計項目最少的那組股票，同時賣空應計項目最多的那組股票。結果發現，在三十年樣本期內，使用這一策略的投資人有二十九年都可以獲得正的超額收益，年化報酬率超過10%。

想像一下，如果有一個交易策略，可以讓你連續二十九年都能獲得每年10%的超額報酬，是不是非常有吸引力？這就是行為金融交易策略的魅力。

這一現象在中國市場也同樣存在，可見財務報表中的祕密是可以用來制定交易策略的；應計項目作為一種非常穩定的異象，也可以為你的交易提供某些參考。

財務報表公布的規律：盈餘慣性策略

除了財務報表的內容，例如應計項目異象可以用來制定交易策略外，財務報表公布時，股價表現出的差異性也有一定的規律。

密西根大學的伯納德（Bernard）教授和哥倫比亞大學的湯瑪斯（Thomas）教授在觀察公司每季度財務報表公布時發現，公布好消息的公司和公布壞消息的公司，它們的股價表現出一種規律性：好消息會使股票價格持續走高，而壞消息則會使股票價格持續下跌。各種消息對股價的影響就好像會長時間漂移一樣，他們把這種現象稱為盈餘慣性，並據此制定了行為金融交易策略，這一策略可以連續十多年使年報酬率保持在10%以上。

下面我以盈餘慣性策略為例，說明一個交易策略是如何被發現的，以及我們可以怎麼運用它。

每當公司的年報、季報公布前後，許多股票投資人都會炒作一把，認為這叫年報、季報行情。實際上，盈餘慣性策略的直覺就來自這一現象，好消息會帶來一波上漲行情，而壞消息則會帶來一波下跌行情。

按照前文所述的策略建構方法，我們應該按照消息的好壞程度對所有股票進行排序。問題在於，什麼算好消息，什麼算壞消息？思考一下，一家公司報獲利增長50%，另一家公司報獲利增長100%，哪個消息更好？是後者嗎？不一定，因為這家公司的獲利增長很可能已經被市場預期到了；分析師們都會在企業財務報表公布前進行獲利預測，因此，如果後者獲利增長100%被完全預期到，而前者獲利增長50%完全沒有被預期到，則前者獲利增長50%的消息更好。這個道理很好理解，如果一家公司100%的獲利增長被預期到了，大家當時就會買入這家公司的股票，那麼它的增長性就差；只有意料之外的好消息公布了，才會使股票的漲勢更好。

所以，我們在建構策略的時候，應該按照「沒有被預期到的獲利增長」排序，即用真實的獲利增長減去被預期到的部分。伯納德和湯瑪斯就是按照這種方法對所有股票排序，然後買入高意外組、賣空低意外組，結果發現，在財務報表公布的六十天後，能獲得10％以上的年化超額報酬，並且在十三年的樣本期間，只有三個季度沒有取得獲利——這真是非常了不起的投資策略。

策略失效和調整

盈餘慣性策略的誘人績效吸引了眾多研究者和實作者跟進，但我們團隊曾經用中國的資料複製過這個策略，結果成效並不理想。那這個策略在什麼情況下會失效？怎樣才能提高策略的績效呢？

盈餘慣性的理論基礎是動能效應，因為投資人對財務資訊反應的快慢不同，這就使得資訊在市場上是緩慢擴散，如果能快人一步發現沒有被預期到的獲利增長，據此建構策略就很容易成功。

經過市場驗證，這一策略在所有的行為金融交易策略中比較穩健，但因為市場環境不同，它的效用也不同。如果資訊被提前洩露，那麼在盈餘公告日建構策略的效果會較差。在美國市場，選擇性資訊披露是被禁止的；而在中國，由於法律和制度的歷史原因，股票市場還可能會提前洩露資訊，於是專業機構和研究者會調整策略，把建構策略的時間提前。我的團隊也曾經做過研究，結果顯示：在中國市場上，投資人在盈餘公告正式公布前利用業績預告資訊建構策略，可以大大提升策略的效果。

▼重點整理

1 財務報表中隱藏的祕密——應計項目異象；財務報表公布時的規律——盈餘慣性效應。透過這兩點建構交易策略，能夠取得驚人的超額收益。

2 即使獲利相同，獲利的品質也有可能不一樣，因為兩家公司的經營情況可能大不相同。所以，只看每股盈餘這個指標實際上是不夠的，還應該看應計項目，應計項目主要等於應收帳款減去應付帳款，再加上存貨。

3 好消息會帶來一波上漲行情，而壞消息則會帶來一波下跌行情。只有意料之外的好消息公布了，才會使股票的漲勢更好。

持續獲得有效的投資策略：

免費的午餐一直都有嗎？

金融學的學科基礎、策略的獲利條件等是有效投資策略的核心問題，了解這些有助於你更好地理解傳統金融學與行為金融學相生相剋的共生關係。此外，你還應該知道，如何追蹤最新的行為金融交易策略，持續獲得金融市場上「免費的午餐」。

行為金融交易策略的基礎：心理偏差和回歸

首先思考一個問題：究竟是什麼在支持行為金融交易策略？曾經有一種說法：女士裙子的長度與股市漲跌有密切關聯。按照這種說法，交易策略很簡單——只要每年量一量時尚雜誌當年流行的裙子長度，就能預測股市行情。

顯然，投資人不敢運用這個策略去做投資，原因在於我們找不到支持這個現象的理論依據，所以無法相信它。

與之類似的例子還有用潮汐預測股市、用小動物預測股市和用球賽預測股市等，這些所謂的規律沒有理論依據，很可能是樣本內的一種巧合。用樣本內的巧合事件預測樣本外的情況，結果不準，我們也不會按這些方法去投資。

但是，前文提到了幾種典型的行為金融交易策略，為什麼它們就能用於投資呢？原因在於它們有如下兩個基礎。

1 心理學的支持

首先，一個規律要能成為穩定的策略，必須要有原理支持。傳統金融學並不認為有戰勝市場的交易策略存在，而行為金融學卻認為戰勝市場是有可能的，因為人會犯錯。至於人會犯什麼錯，心理學早已為我們揭示了。第二章和第三章系統介紹了投資人的認知偏差和決策偏差，就是行為金融策略的理論基礎，比如：因為大多數人關注大公司，小公司才會產生溢價；因為個人投資人追逐成長股，機構才會玩價值投資；因為大多數人對資訊反應速度慢，所以短期交易的「追高殺低」才會起作用；因為大多數人忽視獲利品質，才產生了應計項目交易策略。

所以，只有想清楚大多數投資人錯在哪裡，你才能理解一個策略產生獲利的原理，也才敢運用這個策略去投資。

這就是每個行為金融交易策略必備的分析過程。如果你覺得這樣做很困難，可以看看行為金融學最新的學術研究，發現一些新的交易策略。

2 傳統金融學的燈塔作用

其次，雖然傳統金融學和行為金融學的核心觀點有分歧，但傳統金融學一直在支持著行為交易策略，因為從長期來看，價格總是會向真實的價值回歸。而傳統金融學可以告訴我們正確的價格是什麼，這就像為行為金融學立了一個燈塔。長期來看，一個好的行為金融策略會向燈塔靠近，不會偏離方向。以規模效應為例，小公司的股票收益比大公司好，換句話說，小公司的股價目前被低估了；投資人的策略是買小賣大，希望未來小公司被低估的價格會被糾正，會漲回去。因此，行為金融策略成功的前提是，價格要向理性方向收斂。

所以行為金融學與傳統金融學並不矛盾，它們是短期與長期的關係，傳統金融學講的是長期價格最終應該如何，行為金融學講的是在這中間經常會出什麼錯誤。由於很多人利用價格錯誤進行反向操作，價格會向理性方向收斂。

相生相剋的傳統金融學與行為金融學

二〇一三年，諾貝爾經濟學獎同時頒給了傳統金融學家和行為金融學家，以獎勵他們對資產定價理論做出的貢獻。那在真實的金融市場上，傳統金融學和行為金融學究竟是什麼樣的關係呢？

答案是四個字：相生相剋。

在建構交易策略的時候，傳統金融學家不承認市場上存在不用承擔風險就能獲得收益的「異象」，他們認為任何收益的獲得都必須承擔風險。

而行為金融學家卻認為，異象因子真實存在，投資人可以據此建構策略，透過傳統金融學的風險檢驗；風險檢驗模型的左邊是策略產生的收益，右邊是風險。以最經典的資本資產定價理論CAPM為例，它的右邊只有一項風險來源——大盤，也就是總體經濟。

按照傳統金融學理論，任何收益都等於風險，也就是模型左右兩邊相等。然而，對採用行為金融交易策略所產生的收益進行檢驗後，模型右邊往往會多出一項，這就說明，收益減去風險後，還多出來一部分不用承擔風險的收益，這就是異象。

傳統金融學家為了證明異象並不存在，提出資產定價模型出了錯，也就是說，他們認為模型右邊的風險來源少了，需要再增加一些風險因子，於是把驗證過的確實存在的異象因子放到右邊，當作未知的風險源，這樣一來左右兩邊就匹配了，不會出現多餘項；傳統金融學的資產定價理論就是沿著這個路徑展開的。

在增加了風險因子的定價模型中，最有影響力的是法瑪和佛倫奇在一九九三年提出的三因子模型，三因子就是在原來大盤市場（大盤）因子的基礎上加了規模因子和價值因子，這兩個因子都是被行為金融學用來建構交易策略的。

如果模型的左邊是規模異象，右邊再加上同樣的規模因子，那麼超額收益就消失了，所以傳統金融學家一直這麼操作；一旦行為金融學發現什麼異象，傳統金融學就把它視作風險因子，「你左邊加一項，我右邊加一項」，這樣就能始終保持左邊的收益能被右邊的風險解釋。因此，傳統金融學還是成立的，也就是沒有「免費的午餐」。

當然，傳統金融學的風險因子並沒有無限制增加。繼三因子模型後，最有影響力的是四因子模型，加入了本章「如何好好使用股價規律」提及的動能因子。因子模型的最新進展是法瑪和佛倫奇在二〇一五年提出的五因子模型，他們在三因子模型的基礎上加入了獲利能力和投資水準兩個因子。

很奇怪的一點是，很多異象用這些因子模型一檢驗，超額收益確實消失了，這就說明，很多異象可能都和風險模型中的因子有關。傳統金融學認為，這樣的策略是有風險的。

去哪裡尋找有效的交易策略？

傳統金融學用有限的風險因子捍衛自己的領地，旨在說明金融市場沒有「免費的午餐」，任何收益的獲得必須承擔相應的風險。行為金融學發現的所有異象都要經過傳統金融學因子模型的檢驗，看是否承擔了風險；如果經過這些風險因子檢驗後，依然能取得超額收益，學術界才承認又發現了新的異象。

而行為金融學家則堅持認為金融市場上存在「免費的午餐」，他們致力於挖掘各種各樣的異象，這些層出不窮的異象對理論界和實務界都有深遠的意義。

對理論界而言，異象的出現推動資產定價理論的發展，讓學術界對收益和風險的對應關係有了更加深入的了解，也能不斷發現人性這一因素在資產定價中的作用。

對實務界而言，這些異象是投資中的「饕餮盛宴」。異象的發現是形成行為交易策略的基礎，但交易策略具有隱密性，使用行為金融交易策略的基金不會公開自己的獲利因子。那我們該去哪裡尋找穩健的異象，才能持續獲得「免費的午餐」呢？

主要有兩種方式：一種是透過閱讀優秀學術期刊發現收益異象；另一種是參加每年的金融學術年會，例如美國金融協會年會、中國金融國際年會、中國金融學年會等，在這些最新的學術研究會議中，都有關於行為金融交易策略的專題。

表6-1中有九十七個異象因子，這些因子都經過了學術界的研究檢驗，供你在投資決策中參考。

需要注意的是，隨著異象的公佈和運用，投資人在不承擔風險的情況下，利用已被發現的異象獲得超額收益的機會越來越少，因此你需要不斷尋找新異象。但只要投資人會犯錯，金融市場的「免費午餐」就有可能不斷出現。學習行為金融學有助於你發現價格規律，避免自身的投資錯誤，並有可能利用別人的錯誤制定有效的交易策略。

表 6-1　九十七個異象因子

因子名稱		作者(期刊和發表年份)
五十二週最高點	52-Week High	George and Hwang（JF 2004）
應計項目	Accruals	Sloan（AR 1996)
廣告費用市值比	Advertising / Market Value of Equity	Chan et al.（2001）
報酬率交易量比	Amihud's Measure（Illiquidity）	Amihud（JFM 2002）
分析師預測價值	Analyst Value	Frankel and Lee（JAE 1998）
資產增長率	Asset Growth	Cooper, Guylen, and Schill（JF 2008）
資產周轉率	Asset Turnover	Soliman（AR 2008）
Beta 值	Beta	Fama and MacBeth（JPE 1973）
買賣價差	Bid-Ask Spread	Amihud and Mendelsohn（1986）
帳面市值比	Book Equity / Market Equity	Fama and MacBeth（JF 1992）
現金流市值比	Cash Flow / Market Value of Equity	LSV（JF 1994）
現金流波動性	Cash Flow Variance	Haugen and Baker（JFE 1996）
資產周轉率變動	Change in Asset Turnover	Soliman（AR 2008）

因子名稱		作者(期刊和發表年份)
應計項目與分析師預測價值變動是否一致	Change in Forecast + Accrual	Barth and Hutton（RAS 2004）
淨利率變動	Change in Profit Margin	Soliman（AR 2008）
分析師是否推薦	Change in Recommendation	Jegadeesh et al.（JF 2004）
偏斜度(個股報酬率偏離指數的程度)	Coskewness	Harvey and Siddique（JF 2000）
信用評級是否調降	Credit Rating Downgrade	Dichev and Piotroski（JF 2001）
是否發行債券	Debt Issuance	Spiess and Affleck-Graves（JFE 1999）
是否宣告股利	Dividend Initiation	Michaely, Thaler, and Womack（1995）
未能按時發放股利	Dividend Omission	Michaely, Thaler, and Womack（1995）
股利股價比	Dividend Yield	Naranjo, Nimalendran, and Ryngaert(JF 1998)
含股利報酬率	Dividends	Hartzmark and Soliman（JFE 2013）
分析師預測是否下跌	Down Forecast	Barber et al.（JF 2001）
分析師預測是否上漲	Up Forecast	Barber et al.（JF 2001）
本益比	Earnings / Price	Basu（JF 1977）
獲利穩定性	Earnings Consistency	Alwathainani（BAR 2009）

因子名稱		作者(期刊和發表年份)
獲利是否超出預期	Earnings Surprise	Foster, Olsen, and Shevlin（AR 1984）
帳面市價比	Enterprise Component of Book/Price	Penman, Richardson, and Tuna（JAR 2007）
企業倍數	Enterprise Multiple	Loughran and Wellman（JFQA 2011）
是否轉板	Exchange Switch	Dharan and Ikenberry（JF 1995）
企業上市時間（月數）	Firm Age	Barry and Brown（JFE 1984）
短期動能	Firm Age-Momentum	Zhang（JF 2004）
分析師意見分歧（分析師預測報酬率的變異係數）	Forecast Dispersion	Diether, Malloy, and Scherbina（JF 2002）
G 指數（公司治理水準）	G Index	Gompers, Ishi, and Metrick（2003）
毛利率	Gross Profitability	Novy-Marx（JFE 2013）
存貨增長率	Growth in Inventory	Thomas and Zhang（RAS 2002）
淨經營性資產增長率	Growth in LTNOA	Fairfield, Whisenant, and Yohn（AR 2003）
G 因子（公司基本財務指標是否健康）	G-Score	Piotroski（AR 2000）
第二 G 因子（公司基本財務指標是否高於同業平均水準）	G-Score_2	Mohanram（RAS 2005）

因子名稱		作者(期刊和發表年份)
赫芬達指數	Herfindahl Index	Hou and Robinson（JF 2006）
異質性風險	Idiosyncratic Risk	Ang et al.（JF 2006）
產業加權動能	Industry Momentum	Grinblatt and Moskwotiz（1999）
IPO 因子	Initial Public Offering	Ritter（JF 1991）
投資收入比	Investment	Titman, Wei, and Xie（JFQA 2004）
新舊股票報酬率差	IPO and Age	Ritter（JF 1991）
是否進行研發	IPO no R&D;	Gou, Lev, and Shi（JBFA 2006）
延遲動能	Lagged Momentum	Novy-Marx（JFE 2012）
財務槓桿	Leverage	Bhandari（JFE 1988）
帳面市價比槓桿因子	Leverage Component of Book/Price	Penman, Richardson, and Tuna (JAR 2007)
長期反轉因子	Long-Term Reversal	Debondt and Thaler（JF 1985）
帳面市值比與應計項目	M/B and Accruals	Barton and Kim（QFA 2004）
最高每日報酬率	Max	Bali, Cakici, and Whitelaw（JF 2010）
是否進行併購	Mergers	Langetieg（JFE 1978）
動能	Momentum	Jegadeesh and Titman（JF 1993）

因子名稱		作者(期刊和發表年份)
動能與長期反轉	Momentum and LT Reversal	Chan and Kot（JOIM 2006）
高信用評級企業動能	Momentum-Credit Ratings	Aramov et al.（JF 2007）
反轉動能	Momentum-Reversal	Jegadeesh and Titman（JF 1993）
高交易量股票動能	Momentum-Volume	Lee and Swaminathan（JF 2000）
淨經營性資產	Net Operating Assets	Hirshleifer et al.（JAE 2004）
淨營運資本變化率	Net Working Capital Changes	Soliman（AR 2008）
非流動經營性資產變化率	Noncurrent Operating Assets Changes	Soliman（AR 2008）
經營性槓桿	Operating Leverage	Novy-Marx（ROF 2010）
組織資本	Org. Capital	Eisfeldt and Papanikolaou（JF 2013）
財務健康因子	Z-Score（Less Financial Distress）	Dichev（JFE 1998）
財務困境因子	O-Score（More Financial Distress）	Dichev（JFE 1998）
企業退休金帳面淨資產	Pension Funding Status	Franzoni and Marin（JF 2006）
經營性資產增值率	Percent Operating Accrual	Hafzalla, Lundholm, and Van Winkle（AR 2011）

因子名稱		作者(期刊和發表年份)
資產增值率－改進	Percent Total Accrual	Hafzalla, Lundholm, and Van Winkle（AR 2011）
股價	Price	Blume and Husic（JF 1972）
經營性利潤率	Profit Margin	Soliman（AR 2008）
淨利潤資產比	Profitability	Karthik, Bartov, and Faurel（JAE 2010）
是否增發	Public Seasoned Equity Offerings	Loughran and Ritter（JF 1995）
研發費用市值比	R&D; / Market Value of Equity	Chan et al.（2001）
交易額市值比	Return-on-Equity	Haugen and Baker（JFE 1996）
收入是否超出預期	Revenue Surprises	Jegadeesh and Livnat（JAE 2006）
銷售增長率	Sales Growth	LSV（JF 1994）
銷售收入市價比	Sales/Price	Barbee et al（FAJ-1996）
月報酬率波動性	Seasonality	Heston and Sadka（JFE 2008）
在外流通股數年度變化率	Share Issuance（1-Year）	Pontiff and Woodgate（JF 2008）
在外流通股數五年變化率	Share Issuance（5-Year）	Daniel and Titman（JF 2006）
是否回購股票	Share Repurchases	Ikenberry, Lakonishok, and Vermaelen（JFE 1995）
交易量佔在外流通股數比率	Share Volume	Datair, Naik, and Radcliffe（JFM 1998）

因子名稱		作者(期刊和發表年份)
做空股數佔比	Short Interest	Dechow et al.（2001）
短期反轉	Short-Term Reversal	Jegadeesh（1989）
企業規模	Size	Banz（JFE 1981）
是否新增全資子公司	Spinoffs	Cusatis, Miles, and Wooldridge（JFE 1993）
可持續增長率	Sustainable Growth	Lockwood and Prombutr（JFR 2010）
所得稅淨利比	Tax	Lev and Nissim（AR 2004）
外部融資額	Total XFIN	Bradshaw, Richardson, and Sloan（JAE 2006）
超出預期的研發費用增長率	Unexpected R&D; Increases	Eberhart, Maxwell, and Siddique（JF 2004）
交易量變動率	Volume / Market Value of Equity	Haugen and Baker（JFE 1996）
淨資產收益率	Volume Trend	Haugen and Baker（JFE 1996）
交易數量差異	Volume Variance	Chordia, Subranhmanyam, and Anshuman（JFE 2001）
資本支出變化率是否超出同業平均水準	ΔCAPEX-ΔIndustry CAPEX	Abarbanell and Bushee（AR 1998）
銷售收入變化率與存貨變化率之差	ΔSales-Δinventory	Abarbanell and Bushee（AR 1998）
銷售收入變化率與銷售管理費用變化率之差	ΔSales-ΔSG&A;	Abarbanell and Bushee（AR 1998）

註：本表來源為 Mclean and Pontiff（2016, J. F.）

▼重點整理

1只有想清楚大多數投資人錯在哪裡，你才能理解一個策略產生獲利的原理，也才敢運用這個策略去投資。這就是每個行為金融交易策略必備的分析過程。

2行為金融學與傳統金融學並不矛盾，它們是短期與長期的關係，傳統金融學講的是長期價格最終應該如何，行為金融學講的是在這中間經常會出什麼錯誤。

行為投資策略的新進展：

最具代表性的因子模型

行為金融學最大的魅力在於，可以讓人們用極少的因子刻畫股價規律，進而制定有效的交易策略。一般來說，市場上的行為金融策略基金，都會建立各自認為比較有效、可靠的因子模型，用來引導投資行為。

多年以來，基於有限因子的行為投資策略層出不窮，下面就介紹幾種最新、最具代表性和影響力的因子模型。

三因子模型和五因子模型

諾貝爾經濟學獎得主尤金·法瑪是因子模型的權威，他與合作者肯尼斯·佛倫奇提出的三因子模型和五因子模型被廣泛使用，在學界和業界都產生了很大的影響。

因子模型可以幫我們分析究竟是什麼因子讓投資人賺到了錢。三因子模型指出，投資股票之所以能取得收益，只有三個原因（因子）：與大盤的關係密切（市場因子）、公司的規模小（規模因子）、公司的成長性好（價值因子）。

在三大因子中，市場因子被公認為是風險，它雖然能提高收益，但同時增加了風險，因此配置高市場因子的股票並不太明智。而其他兩個因子無論是否真為風險（傳統金融學與行為金融學對此存在爭議，參見第六章「行為組合策略原理」），但確實是能產生收益的。幾乎全世界的投資機構都會用三因子模型刻畫股票的風格特徵，並將其作為評價投資的基準。

為什麼要刻畫股票的風格特徵呢？因為不同的投資風格往往會形成不同的風險和收益水準，所以對投資人而言，了解和考察其資產的投資風格非常重要。

比如國際權威評級機構晨星公司提出的「晨星風格箱」方法（一種幫投資人分析基金投資風格的工具），就運用了法瑪和佛倫奇的三因子模型，透過所投資股票的規模和價值兩個維度，劃分基金的風格。例如，如果一家基金的資

圖 6-1　晨星風格箱

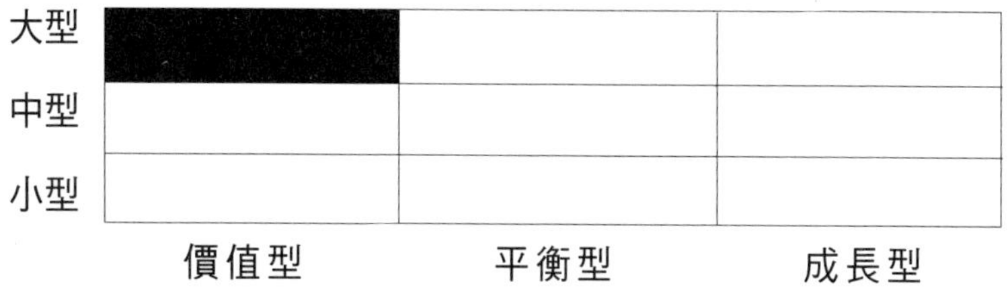

產配置落在圖6-1標黑的位置，就說明該基金主要配置了大型股和價值型股票。

此外，三因子模型在中國也有廣泛的應用。中國編制指數的權威機構——中證指數有限公司，也主要從規模和價值兩個維度出發，劃分股票的風格，為投資人提供投資參考。

二〇一五年，法瑪和佛倫奇在三因子模型的基礎上加兩個因子——獲利能力和投資水準，提出五因子模型。他們透過研究發現，對於所有股票，投資人能利用這兩個因子獲得穩定的超額收益，它們是除三因子之外決定股票定價的重要因素。

以上因子模型大多是針對美國市場提出的，那它們在中國市場的表現如何，有沒有更適合中國市場的因子模型呢？

中國市場的九種行為投資策略

研究發現，中國滬深股市主要有九類異象，這些被證明可以產生收益的因子包括：

（1）規模：指公司股票的總市值，與三因子模型中的規模因子相同。

（2）價值：指股票市場價格與公司基本面價值的比值，例如本益比（EP）、帳面權益對市值比（BM）、現金流量對價格比（CP）。

（3）獲利能力：可以用公司的股東權益報酬率（ROE）來度量。

（4）波動率：指股票收益的標準差。

（5）投資水準：指公司總資產的增長率。

（6）應計項目：應計項目異象最早由史隆提出，指公司獲利的品質（參見本書第六章「利用財務報表資訊制定交易策略」）。

（7）低流動性：可以用收益絕對值與交易量的比值來度量。

（8）周轉率：指交易量與總股本的比值的年平均值。

（9）收益反轉性：表示收益持續的特徵，按月累積報酬率排序來形成組合，並持有一個月後的收益。

關於利用這些異象因子建構策略的方法，可以參見第六章「行為組合策略原理」所述的通用步驟。在這九類異象中，有六類因子的超額收益更顯著，它們分別是：規模、價值、獲利能力、波動率、收益反轉性和周轉率。通常來說，投資人利用這些因子建構策略，能夠獲取超額收益，且風險不高（用資本資產定價理論CAPM的市場因子表示風險）。

中國市場的三因子模型

有一篇研究中國市場因子模型的文章，一經發表就引起了廣泛關注，該文由劉、史坦堡和袁在二〇一八年完成。

研究指出，中國滬深股市所有股票的收益來源，都可以用三個因子來刻畫。這三個因子與法瑪和佛倫奇提出的三因子相似，但又基於中國市場的實際情況而有所改進。

先來看規模因子。在中國市場，由於IPO（首次公開發行）條件嚴苛，所以小市值上市公司的股票定價更多地反映了中國特定IPO制度產生的殼價值（編按：因獲得上市交易資格而帶來的價值），而不是該公司的基礎業務。事實上，中國市場上賣殼的上市公司，有83%的殼是市值排在最後30%的公司，因此為了避免殼價值的「污染」，中國市場的規模因子排除了市值排在最後30%的公司，這部分公司的市值大約佔股票市場總市值的7%。

再來看價值因子。中國市場的價值因子是基於本益比來建構的，該指標比法瑪和佛倫奇三因子模型中用來衡量價值因子的帳面權益對市值比，更能捕捉中國市場的所有價值效應。

在中國股票市場，上述「中國三因子模型」的解釋力完全優於法瑪和佛倫奇的三因子模型，可以解釋中國股市中的絕大多數異象。

值得注意的是，雖然中國三因子模型有極強的解釋力，可以完全解釋市值、價值獲利、波動率、投資水準、應計項目和低流動性異象，但不能解釋前述九個異象因子中的最後兩個——周轉率和收益反轉性。這說明關注股票的這兩個因子，是有獲取超額收益的可能的：異象因子能夠被三因子所解釋，說明這些因子其實就是三因子的一部分，股票收益只是來源於這三個因子；而不能被三因子所解釋的因子，是能夠在三因子外獲得收益的。

我們都知道，無論多麼出色的交易策略，一旦被市場洞悉，其效力就會不斷降低。儘管如此，了解這些用少量因子構成的行為投資策略的原理，依然能夠幫助我們用極少的特徵概括獲利和虧損的根本原因。行為金融學的持續發展，也促使我們不斷發現更多穩定的獲利來源，為投資提供指引。

後記

《為何賣掉就漲，買了就跌？》終於寫完了，這本書是對我在「得到」APP主理的「陸蓉．行為金融學」課程的系統梳理。這本書寫起來很艱難，倒不全是因為寫作可參考的資料很少（確實很少），更因為在「得到」上課，要求真的很高。「得到」團隊對篇章結構、內容的陳述方式、使用的案例、語言的邏輯等都有嚴格、細緻的要求，要求文稿必須兼具知識性、趣味性和可讀性。所以毫不誇張地說，本書差不多每一句話都是不斷打磨而成的。

在這裡，我要感謝「得到」的創始人羅胖、脫不花、總編室負責人宣明棟，他們幫助把關課程的整體定位。本書的第一個案例就是羅胖貢獻的，當時我向「得到」團隊敘述這門課程的架構後，羅胖立即說：「我想到一個有意思的例子……你這樣講故事，大家一下就能明白你這門課的特點。」我不僅在書中採用了這個案例，還大量應用了這樣的方式來講故事。

感謝課程的主編西佐和商學院負責人筱穎，她們幫助把關課程的內容細節；西佐幫我逐字修改課程的講稿，不放過任何一個概念、任何一個邏輯關聯、任何一個例子，確實讓本書的可讀性提高了不少。還要感謝聲音導演昆鵬，他幫助指導我的發音，不僅在語音語調上逐句過稿，還會親自示範每句話的重音、起承轉合，更為神奇的是，他不僅聽聲音，還對內容邏輯提出意見，透過語音梳理將文字邏輯調到最佳。

感謝「得到」圖書組的負責人白麗麗和編輯丁叢叢，她們幫助進一步完善了書稿的細節，書中所引用的每個人物、每個事件、每篇文獻，她們都去一一核實，就連英文名字的中文翻譯，她們也會找到幾個版本，讓我一一確認，保證細節的準確性。感謝中信出版集團商業家團隊，其專業的編輯能力，讓本書又增色了不少。

以上是我在寫書的過程中幫助過我的人。回想往事，更多的人浮現在了我的腦海中。

我的學校為我提供了孕育「行為金融學」這門課程的土壤，我讀書時學校給了我較為扎實的基本功訓練；回校教書以後，學校在大踏步與國際接軌的過程中引進的海外師資開拓了我的視野，便捷的國際交流也拓展了我在行為金融學領域的知識深度。

一屆一屆的學生幫助我不斷完善課程。上課時，第一節課我就會把學生分成若干小組，每個小組按一家基金管理公司來建制，上課時我講理論，學生做投資實作。小組實行基金經理負責制，基金經理不僅負責整個團隊的投資和研究，還要在課上報告建立部位和調整部位的狀況。投資實作採用即時的交易資料，報告必須與行為金融學授課的理論相結合，寫明具體用到哪些理論，幫助他們克服了什麼投資錯誤，採用了什麼理論指導他們的投資，用到或改進了什麼投資策略，提升了多少業績等等。每位學生都會在課程結束後寫一份課程小結，在報告他們學習成果的同時也對我的課程提出具體的意見和建議。可以說，這本書也凝結著我教過的這成百上千的學生的智慧。

最後，我要感謝我帶領的研究團隊，我們一起在不到五年的時間裡研讀了近千篇學術研究論文，密切追蹤行為金融學的國內外最新進展；我們一起寫論文、參加學術會議、完成國家級課題、實作行為金融學的理論。很高興看到他們都已成長，我指導的博士研究生們也已經開始指導他們的博士研究生了。在業界工作的學生也經常回到學校，帶來了對於行為金融學科的實作思考，促使我們對理論更進一步探索。

金融市場上雲集了最頂尖的智慧頭腦，行為金融學是最有活力的金融學科，這些最聰明的人仍然在不斷研究人的投資行為和市場運作規律，而行為金融學為投資實作提供了最佳的理論支援。

中國擁有最具活力的市場和以個人投資人為主體的特殊投資人結構，為行為金融學提供了最合適的土壤。我相信在不久的將來，行為金融學將會成為每個金融投資人的必備知識，正如諾貝爾經濟學獎得主理查·塞勒所說：「我預測，行為金融學在不遠的將來會成為一個多餘的術語，因為除此之外，還能有別的金融學嗎？」

23. Barberis N, Huang M. Stocks as Lotteries: The Implication of Probability Weighting for Security Prices[J].American Economic Review, 2008, 98(5): 2066-2100.
24. Brinson G. P, Singer B. D, Beebower G. L. Determinants of Portfolio Performance II: An Upd ate[J]. Financial Analysts Journal, 1991, 47(3):40-48.
25. Thaler R. Mental Accounting and Consumer Choice[J]. Marketing Science,1985, 3: 199-214.
26. S hefrin H. M, Thaler R. The Behavioral Life-Cycle Hypothesis [J]. Economic Inquiry, 1988, 26: 609-643.
27. Tversky A, Kahneman D. The Framing of Decisions and the Psychology of Choice [J]. Science, 1981, 211(4481): 453-458.
28. Keynes J. M. General Theory of Employment Interest and Money [M], Chapter 12, Palgrave Macmillan, 1936.
29. Thaler R.Giving Markets a Human Dimension[N]. Financial Times, 1997, section Mastering Finance 6, June 16.
30. 徐龍炳、張大方。中國股票市場「聰明投資人」行為研究 [J]。財經研究，2017, 4。
31. French K. R, Poterba J. M. Investor Diversification and International Equity Markets [J]. American Economic Review, 1991, 81(2): 222-226.
32. Huberman G. Familiarity Breeds Investment [J]. The Review of Financial Studies, 2001, 14(3): 659-680.
33. Sharpe W. F. Capital Asset Prices: A Theory of Market Equilibrium under Conditions of Risk[J]. The Journal of Finance, 1964,19(3): 425-442.
34. Healy P. M, Palepu K. G. The Fall of Enron[J].Journal of Economic Perspectives. 2003, 17(2): 3-26.
35. Benartzi S, Thaler R. H. Naive Diversification Strategies in Defined Contribution Saving Plans [J]. American Economic Review, 2001, 91(1): 79-98.
36. Barber B. M,Odean T. Trading Is Hazardous to Your Wealth: The Common Stock Invest ment Performance of Individual Investors[J]. The Journal of Finance, 2000, 55(2): 773-806.
37. Barber B. M,Odean T. Boys Will Be Boys: Gender, Overconfidence, and Common Stoc k Investment, Quarterly Journal of Economics, 2001, 116(1): 261-292.
38. Pinsker J. Hedge Funds Run by Women Outperform Those Run by Men[EB/OL].http://www.theatlantic.com/business/archive/2014/08/ hedge-funds-run-by-women-outperform-other-hedge-funds/375542/, 2014-08-04.
39. H uang J, Kisgen D. J. Gender and corporate finance: Are male executives over confident rel ative to female executives? [J].Journal of Financial Economics, 2013,108(3): 822-839.
40. Barber B. M,Odean T. Online Investors: Do the Slow Die First? [J].The Review of Financial Studies, 2002, 15(2): 455-487.
41. Guiso L, Sapienza P, Zingales L.Trusting the Stock Market[J].The Journal of Finance, 2008, 63(6): 2557-2600.
42. Pool V. K ,Stoffman N , Yonker S E : The People in Your Neighborhood: Social Interactions a nd Mutual Fund Portfolios[J]. The Journal of Finance, 2015, 70(6): 2679-2731.
43. Odean T.Are Investors Reluctant to Realize Their Losses[J]. The Journal of Finance, 1998, 53(5): 1775-1798.
44. Shefrin H, Statman M.The Disposition to Sell Winners Too Early and Ride Losers Too Long: Theory and Evidence [J].The Journal of Finance, 1985, 40(3): 777-790.

參考文獻

1. Mankiw G. Know What You' re Protesting [EB/OL]. https://www. nytimes.com/2011/12/04/business/know-what-youre-protestingeconomic-view.html, 2011.
2. Fama E. F. Efficient Capital Markets: A Review of Theory and Empirical Work[J].The Journal of Finance, 1970, 25(2): 383–417.
3. Kahneman D,Tversky A. Prospect Theory: An Analysis of Decision under Risk[J]. Econometrica, 1979, 47(2): 263—291.
4. ThalerR H. The End of Behavioral Finance[J]. Financial Analysts Journal, 1999, 55: 12—17.
5. Markowitz H. Portfolio Selection [J].The Journal of Finance, 19527(1): 77—91.
6. 李心丹、俞紅海、陸蓉、徐龍炳。中國股票市場「高送轉」現象研究 [J]。管理世界，2014(11): 133-145。
7. Rajan R. G. Has Financial Development Made the World Riskier? [D]. NBER Working Paper, 2005: No. w11728.
8. Grynbaum M. Greenspan Concedes Error on Regulation[N].The New York Times, 2008, Oct. 23.
9. Ross S. A. Papers and Proceedings of the Ninety-ninth Annual Meeting of the American Economic Association[J].The American Economic Review, 1987, 77(2): 29-34.
10. 羅傑 · 洛溫斯坦。賭金者：長期資本管理公司的升騰與隕落 [M]。北京：機械工業出版社，2017。
11. Oskamp S. Overconfidence in case-study judgments[M]. In Kahneman D, Slovic P,Tversky A (Ed.), Judgment Under Uncertainty: Heuristics and Biases. CambridgeUniversity Press, 1982: 287–293.
12. Gervais S, Odean T. Learning to Be Overconfident[J], The Review of Financial Studies, 2001, 14(1): 1–27.
13. Shiller R. J. Investor Behavior in the October 1987 Stock Market Crash: Survey Evidence [D]. NBER Working Paper 1987: No. 2446.
14. Wason, P. C. Reasoning[M]. In B. M. Foss (Ed.), New Horizons in Psychology. Harmondsworth: Penguin, 1966.
15. Skinner B. F. 'Superstition' in the pigeon[J]. Journal of Experimental Psychology, 1948, 38(2): 168-172.
16. K ahneman D, Tversky A. Prospect Theory: An Analysis of Decision under Risk[J]. Econometrica, 1979, 47(2): 263-291.
17. Bernoulli D. Exposition of a New Theory on the Measurement of Risk[J].Econometrica 1954 [1738],22: 23-36.
18. Clark M.The St. Petersburg Paradox [M]. In Paradoxes from A to Z, London: Routledge, 2002: 174-177.
19. Von Neumann J, Morgenstern O. The Theory of Games and Economic Behavior[M]. Princeton University Press, 1944.
20. Allais M. An Outline of My Main Contributions to Economic Science[J].American Economic Review, 1997, 87: 3-12.
21. Barber B. M, Odean T. Trading Is Hazardous to Your Wealth: The Common Stock Inves tment Performance of Individual Investors [J]. The Journal of Finance, 2000, 55:773-806.
22. Thaler R. H, Johnson E J.Gambling with the House Money and Trying to Break Even: the Effects of Prior Outcomes on Risky Choice [J]. Management Science 1990, 36(6): 643-660.

67. Banz R. W. The Relationship between Return and Market Value of Common Stocks[J].Journal of Financial Economics, 1981, 9(1): 3-18.
68. Fama E. F, French K R. The Cross-section of Expected Stock Returns [J]. The Journal of Finance, 1992, 47(2) 427-465.
69. Gompers P,Metrick A. Institutional Investors and Equity Prices[J].Quarterly Journal of Economics, 2001, 116(1): 229-260.
70. Graham B, Dodd D. Security Analysis[M].McGraw Hill Professional, 1934.
71. F ama E. F, French K R. Common Risk Factors in the Returns on Stocks and Bonds [J]. Journal of Financial Economics, 1993, 33: 3-56.
72. D e Bondt W. F. M, Thaler R. Does the Stock Market Overreact? [J]. The Journal of Finance, 1984, 40(3): 793-805.
73. Jegadeesh N, TitmanS. Returns to Buying Winners and Selling Losers: Implications for Stoc k Market Efficiency[J]. The Journal of Finance, 1993, 48(1): 65–91.
74. Fama E. F. Market Efficiency, Long-term Returns, and Behavioral Finance[J].Journal of Financial Economics, 1998, 49(3): 283-306.
75. Hong H, Stein J. C. A Unified Theory of Underreaction, Momentum Trading and Overreaction in Asset Markets[J]. The Journal of Finance,1999,54(6): 2143-2184.
76. Sloan R. G. Do Stock Prices Fully Reflect Information in Accruals and Cash Flows about Future Earnings? [J].The Accounting Review, 1996, 71(3): 289-315.
77. B ernard V. L, Thomas J. K. Post-Earnings-Announcement Drift: Delayed Price Response or Risk Premium? [J].Journal of Accounting Research, 1989, 27:1–36.
78. M clean R. D, Pontiff J. Does Academic Research Destroy Stock Return Predictability[J].The Journal of Finance,2016,71(1): 5-32.
79. Novy-Marx R. The Other Side of Value: The Gross Profitability Premium[J]. Journal of Financial Economics, 2013, 108: 1-28.
80. Aharoni G, Grundy B, Zeng Q. Stock Returns and the Miller Modigliani Valuation Formula: Revisiting the Fama French Analysis [J]. Journal of Financial Economics, 2013, 110: 347-357.
81. Fama E. F, French K. R. A Five-factor Asset Pricing Model[J].Journal of Financial Economics, 2015,116(1): 1-22.
82. Liu J, Stambaugh R. F, Yuan Y. Size and Value in China[J]. Journal of Financial Economics, 2019, Forthcoming.
83. Liu J, Stambaugh R. F, Yuan Y. Size and Value in China[J]. Journal of Financial Economics, 2019, Forthcoming.

45. 陸蓉、陳百助、徐龍炳、謝新厚。基金業績與投資人的選擇——中國開放式基金贖回異常現象的研究 [J]。經濟研究，2007(6): 39-50。
46. 俞紅海、陸蓉、徐龍炳。投資人名義價格幻覺與管理者迎合——基於基金拆分現象的研究 [J]。經濟研究，2014(5): 133-146。
47. S easholes M. S, Wu G. Predictable Behavior, Profits, and Attention[J]. Journal of Empirical Finance, 2007, 14(5): 590-610.
48. Barber B. M,Odean T. All that Glitters: The Effect of Attention on the Buying Behavior of Indi vidual and Institutional Investors[J].The Review of Financial Studies, 2008, 21(2): 785-818.
49. Kaniel R, Parham R. WSJ Category Kings – The Impact of Media Attention on Consum er and Mutual Fund Investment Decisions[J].Journal of Financial Economics, 2017,123(2): 337-356.
50. Bikhchandani S, Sharma S. Herd Behavior in Financial Markets[J]. Imf Staff Papers, 2001, 47(3): 279-310.
51. Easley D, Kleinberg J.Networks, Crowds, and Markets: Reasoning about a Highly Connecte d World[M], Chapter 16 Information Cascades,Cambridge University Press, 2010.
52. Campbell J. Y, Shiller R J. Stock Prices, Earnings and Expected Dividends[J]. The Journal of Finance, 1988, 43(3):661-676.
53. 羅伯・席勒，非理性繁榮（第三版）[M]。寰宇出版社，2017
54. Shiller R. J. Do stock prices move too much to be justified by subsequentchanges in dividends? [J].American Economic Review, 1981, 71: 421-436.
55. Ibbotson R. G, Sinquefield R A. Stocks, Bonds, Bills and Inflation: Year-by-Year Historical Returns (1926-1974)[J]. Journal of Business, 1976, 49(1): 11-47.
56. Campbell J. Y. Viewpoint: Estimating the equity premium[J].Canadian Journal of Economics, 2008, 41(1)：1-21.
57. Campbell J. Y. Household Finance[J]. The Journal of Finance, 2006,61(4): 1553-1604.
58. Hong H. G, Kubik J D, Stein J C. Social Interaction and Stock-Market Participation[J]. The Journal of Finance, 2004, 59(1): 137-163.
59. Miller E. M. Risk, Uncertainty, and Divergence of Opinion[J]. The Journal of Finance, 1977, 32(4): 1151-1168.
60. C hen J, Hong H, Stein J C. Breadth of Ownership and Stock Returns[J]. Journal of Financial Economics, 2002, 66: 171-205.
61. J ones C. M, Lamont O. Short-sale Constraints and Stock Returns [J]. Journal of Financial Economics, 2002, 66(2-3): 207-239.
62. Ofek E, Richardson M, Whitelaw R F. Limited Arbitrage and Short Sales Restrictions: Evidence from the Options Markets[J]. Journal of Financial Economics, 2004, 74(2): 305-342.
63. B erkman H, Dimitrov V, Jain P. C, Koch P. D, Tice S. Sell on the news: Differences of Opinion, Short-sales Constraints, and Returns around Earnings Announcements [J].Journal of Financial Economics, 2009, 92(3): 376-399.
64. Harrison J. M, Kreps D. M. Speculative Investor Behavior in a Stock Marketwith Heterogeneous Expectations[J]. Quarterly Journal of Economics, 1978, 92(2): 323–336.
65. Xiong W, Yu J. L. The Chinese Warrants Bubble[J]. American Economic Review, 2011, 101: 2723–2753.
66. Lee C, Swaminathan B. Price Momentum and Trading Volume [J]. The Journal of Finance, 2000, 55(5): 2017-2069.

國家圖書館出版品預行編目資料

為何賣掉就漲，買了就跌？：行為金融學教你避開人性弱點，擴大投資效益，實現財富自由！／陸蓉著. -- 初版 .-- 臺北市：三采文化, 2020.9
面； 公分. -- (Trend；64)

ISBN 978-957-658-415-2（平裝）
1. 金融學 2. 投資 3. 消費行為
561.7 109012469

suncolor 三采文化集團

Trend 64

為何賣掉就漲，買了就跌？

行為金融學教你避開人性弱點，擴大投資效益，實現財富自由！

作者｜陸蓉
副總編輯｜郭玫禎 文字編輯｜陳榮格
美術主編｜藍秀婷 封面設計｜李蕙雲 內頁排版｜周惠敏
版權負責｜孔奕涵 行銷經理｜張育珊 行銷主任｜呂佳玲

發行人｜張輝明 總編輯｜曾雅青 發行所｜三采文化股份有限公司
地址｜台北市內湖區瑞光路 513 巷 33 號 8 樓
傳訊｜TEL:8797-1234 FAX:8797-1688 網址｜www.suncolor.com.tw
郵政劃撥｜帳號：14319060 戶名：三采文化股份有限公司
初版發行｜2020 年 9 月 30 日 定價｜NT$400
5 刷｜2021 年 12 月 10 日

suncolor

suncolor